中国制度的故事

国防大学习近平新时代中国特色社会主义思想研究中心　编著

赵周贤　刘光明　主编

王　强　副主编

人民出版社

目　录

序　言

吴杰明

改革开放以来特别是中国特色社会主义新时代，中国在各领域创造了举世瞩目的奇迹，已经走近世界舞台的中央。中国历史巨变的程度之深、范围之广、影响之大，前所未有、世所罕见。"风景这边独好"的"中国之治"，生动彰显了中国特色社会主义制度和国家治理体系的显著优势。国防大学习近平新时代中国特色社会主义思想研究中心组织编写的《中国制度的故事》一书，清晰、系统地展示了"中国之治"的制度密码。

一、中国式现代化是国家治理模式的"中国之治"

现代化代表和体现着当今世界经济、政治、科技、军事、文化、社会等发展的最高水平和未来发展的主要趋势，凸显了人类对于未来发展更为清晰的认知，已经成为人类追求全面而自由发展的最大共识。考察世界各国治理模式可以发现，与以英国、美国为代表的"盎格鲁-撒克逊模式"，以德国、瑞士为代表的"莱茵模式"，社会主义国家的苏联模式，以及发展中国家的拉美模式相比较，以中国式现代化为鲜明特征的"中国之治"具有突出优势和强大活力。党的二十大报告首次提出"以中国式现代化全面推进中华民族伟大复兴"的重大命题并进行了系统论述，深刻阐明了"中国式现代化"的丰富内涵和本质要求，创造性地丰富和发展了现代化理论。习近平总书记2023年在中央经济工作会议上讲话时提出，"必须把推进中国式现代化作为最大的政治"，进一步明确了中国式现代化的战略地位和实践要求。这是以习近平同志为核心的党中央在综合研判国际国内形势发展的新变化、新趋势，深刻洞察中国式现代化建设基本规律的基础上作出的重要论断，也是史无前例的重大理论创新。

制度因素是现代化发展的关键因素。现代化是一个涵盖器物、精神、社会和制度等多个层面的人类发展体系。纵观人类的现代化进程，成功的现代化都以一套稳定成熟、运行有效的制度体系为基础和标志。中国式现代化是中国共产党领导的社会主义现代化，坚持以国家和民族发展作为演进基点，兼具理论与实践、继承与创新、协调与突破、持续与适应等多重特质，其中制度建设不仅构成中国式现代化的内在要素与基本内容，而且为中国式现代化的推进与拓展提供有力保障。中国式现代化具有中国特色社会主义的巨大制度优势，能够全国一盘棋，集中各种资源和力量，加速推进社会主义现代化建设。中国式现代化不仅具有党的全面集中统一领导，总揽全局、协调各方的制度优势，而且有实行全过程人民民主的制度优势。这些制度优势对于充分调动最广大人民群众的积极性和创造性，汇聚全国各族人民的智慧和力量，在党的领导下齐心协力建设社会主义现代化强国至关重要。

制度是关系党和国家事业发展的根本性、全局性、稳定性、长期性问题。党的二十大报告深刻指出："我们以巨大的政治勇气全面深化改革……坚决破除各方面体制机制弊端，各领域基础性制度框架基本建立，许多领域实现历史性变革、系统性重塑、整体性重构，新一轮党和国家机构改革全面完成，中国特色社会主义制度更加成熟更加定型，国家治理体系和治理能力现代化水平明显提高。"进入新时代以来，我们党通过全面深化改革，破除了体制机制障碍，消除了一系列顽瘴痼疾，为中国式现代化打通了"堵点"；通过制定一系列基础性制度，在许多领域立起了"四梁八柱"，为中国式现代化筑牢了"桩点"；通过创建新的体制机制，适应了发展中的新情况、解决了发展中的新问题、形成了治理的新经验，为中国式现代化破除了"难点"。党的二十大确立了2035年我国发展的总体目标，其中明确到2035年要基本实现国家治理体系和治理能力现代化。实践充分证明，中国特色社会主义制度是一套行得通、真管用、有效率的制度体系，为发展中国家走向现代化提供了全新选择，为人类探索建设更好的社会制度贡献了中国智慧和中国方案。

二、中国制度具有丰富意蕴和显著优势

习近平总书记强调，"讲好中国制度故事，引导人们充分认识我们已经走出了建设中国特色社会主义制度的成功之路"。随着中国日益走近世界舞台中央，越来越多的国家和有识之士开始探究中国取得巨大成就的原因，并逐渐把目光聚焦于中国的制度。然而，国际上仍有一些人对中国特色社会主义制度不甚了解，有的还存在误解误读。为此，我们要充分阐释中国特色社会主义制度的显著优势，扩大中国制度的影响力和感召力，增进国际社会对我国制度的认识和认同，努力把制度优势转化为话语优势。

纵观社会主义从诞生到现在的整个历史过程，在中国这样一个经济文化落后的东方大国建立社会主义制度，进而建设社会主义现代化强国，是马克思主义发展史上的崭新课题。本书以习近平总书记关于中国

特色社会主义制度和国家治理体系的重要论述为指导，运用历史、现实、未来相结合的研究方法，围绕中国特色社会主义制度的发展逻辑、基本内涵、独特优势、重大价值等方面，坚持理论与实践相结合，深入浅出地对中国特色社会主义制度的 13 个方面显著优势进行了系统阐述，分析阐释中国制度守正创新的理论底蕴、实践展开、时代要求等问题，用讲故事的方式把深刻的理论和生动的实践结合起来，阐述了中国特色社会主义制度与我国历史传承、文化传统、现实国情相符合，是有根、有源、有强大生命力的制度。全书采取"总分总"的结构，在总括阐述中国特色社会主义制度形成、发展和完善的历史，总体分析中国特色社会主义制度的显著优势之后，对坚持和完善党的领导制度体系、坚持和完善人民当家作主制度体系、坚持和完善中国特色社会主义法治体系、坚持和完善中国特色社会主义行政体制、坚持和完善社会主义基本经济制度、坚持和完善繁荣发展社会主义先进文化的制度、坚持和完善统筹城乡的民生保障制度、坚持和完善共建共治共享的社会治理制度、坚持和完善生态文明制度体系、坚持和完善党对人民军队的绝对领导制度、坚持和完善"一国两制"制度体系、坚持和完善独立自主的和平外交政策、坚持和完善党和国家监督体系等 13 大显著优势逐一做了阐述，最后就如何深入推进国家治理体系和治理能力现代化，把我国的制度优势更好转化国家治理效能做了概括性论述。以这样的逻辑展开研究，对于广大读者深刻理解中国特色社会主义制度的显著优势，增强制度自信，无疑是十分有益的。

三、讲好中国制度守正创新的精彩故事

如何呈现中国制度故事的厚重内涵、华彩乐章和辉煌成就，展示其

中的成功之道，是新时代理论工作者的现实课题和重要任务。本书集理论性、现实性、可读性于一体，观点鲜明、构思新颖、语言清新，系统解读了中国的改革开放何以能够行稳致远，中国特色社会主义制度、国家治理体系和治理能力为什么能永葆生机活力等中大问题，具有很强的说服力，是一本富有新意的理论学习读物。

讲好中国制度故事，需要深刻揭示其时代内涵。怎样治理中国这样具有超长历史纵深、超大幅员国土面积、超大数量人口规模、超常复杂民族宗教结构乃至越来越超大规模经济体量的社会主义发展中国家，在世界社会主义实践的历史中没有任何现成模式可供借鉴。中国共产党迎难而上，坚持把马克思主义基本原理同中国具体实际相结合，经过 70 多年的艰辛探索，在国家制度建设上取得历史性成就。本书着重研究阐释我国国家制度和国家治理问题，阐明中国特色社会主义制度与国家治理体系和治理能力之间的关系，从改革开放行稳致远的历程中，破译中国奇迹的制度密码；从永葆生机活力的故事中，彰显中国制度的守正创新之道；从历史、理论与现实的结合中，揭示中国之治的显著优势，从理论和实践两个方面阐释和印证了中国特色社会主义制度是一个行得通、真管用、有效率的制度。

讲好中国制度故事，需要创新表达方式。本书从选题策划、标题提炼到语言风格，突出面对群众的针对性、贴近生活的可读性；从编排方式到行文方式，都做了不少有益探索，既展现了思想理论的真理魅力，又避免了晦涩枯燥，易于为读者理解和接受；既有对历史故事的娓娓道来，也有对现实案例的生动刻画，还有信手拈来的各种真实数据，以及诗词名句、格言警句的恰当引用，读后有来自实践贴近生活的鲜活生动感，相信不同背景、不同职业的读者群都能从中获得启迪和教益。全书把精彩的文字论述与丰富的图片结合起来，图文并茂、相得益彰，立体地展现了中国制度故事的多姿多彩。

讲好中国制度故事，需要着力增强传播效果。尤其要树立以读者为本的理念，主动适应新时代读者需求和新媒体时代的阅读习惯。本书以通俗话语讲述中国制度造福人民的故事、中国制度保障中华民族奋斗圆梦的故事，致力于提高讲好中国制度故事的感染力和引导力，无疑将助力广大干部群众增强中国特色社会主义的制度自信，为其读懂"中国奇迹"的制度密码提供有价值的参考。

基于本书的这些特点，我向广大读者推荐这本理论读物。

（序言作者为第十四届全国人大常委会委员、代表资格审查委员会委员、监察和司法委员会委员，中央马克思主义研究和建设工程咨询委员会委员，中共党史学会副会长，国防大学原政委、中将）

二〇二四年三月

第一章　中国社会土壤中生长出来的制度

——中国特色社会主义制度的形成、发展和完善

习近平总书记指出，"中国特色社会主义不是从天上掉下来的，是党和人民历尽千辛万苦、付出巨大代价取得的根本成就"①。中国特色社会主义，是科学社会主义理论逻辑和中国社会发展历史逻辑的辩证统一，是根植于中国大地、反映中国人民意愿、适应中国和时代发展进步要求的科学社会主义，具有深厚的历史渊源和广泛的现实基础。

一、中国特色社会主义制度在革故鼎新中初建

中国特色社会主义最直接的理论基础，是马克思恩格斯创立的科学社会主义理论，它起源于西欧社会化大生产的特殊历史时期，但在中华文化中很早就产生了朴素的社会主义观念。《礼运·礼运篇》说："大道之行也，天下为公，选贤与能，讲信修睦。故人不独亲其亲，不独子其子，使老有所终，壮有所用，幼有所长，矜、寡、孤、独、废疾者皆有所养。"② 中国

---

① 《习近平谈治国理政》第二卷，外文出版社 2017 年版，第 36 页。

② 《礼记·礼运篇》。

民主革命的伟大先驱孙中山先生曾取其"天下为公"概念，承接来自西方的社会主义思潮。1912 年 10 月，他在一次演讲中谈道，"社会主义，为人人心中应有之理想，故孕育于数千年以前"①。

1917 年，俄国经过十月革命建立起人类历史上第一个社会主义国家，开启了世界历史的新纪元。李大钊热情地歌颂十月革命，称："俄罗斯之革命是二十世纪初期之革命，是立于社会主义上之革命"，"是世界的新文明之曙光"。② 先进的中国人在探索救国救民道路的过程中，经

2022 年 7 月 1 日，上海市新党员代表进入中共一大纪念馆参观。

---

① 《在上海中国社会党的演说》（1912 年 10 月 14 日—15 日），载郝盛潮主编：《孙中山集外集补编》，上海人民出版社 1994 年版，第 103 页。

② 李大钊：《法俄革命之比较观》，《言治》季刊，1917 年第 3 册。

历了以欧美为榜样、以日本为范本的失败痛苦之后，转而"以俄为师"。中国共产党应运而生。

1921 年 7 月，党的一大通过的纲领旗帜鲜明地把实现社会主义、共产主义作为自己的奋斗目标。[①] 党的二大再次强调，党的目的是要"组织无产阶级，用阶级斗争的手段，建立劳农专政的政治、铲除私有财产制度，渐次达到一个共产主义的社会"[②]。经过 28 年艰苦卓绝的革命斗争，中国共产党带领全国各族人民推翻了帝国主义、封建主义、官僚资本主义的统治。毛泽东主席向全世界豪迈地宣告："中国人民从此站立起来了!"新民主主义革命的胜利，为在古老而又常新的中华大地上建立社会主义制度打下了坚实的政治基础。

从 1949 年 10 月中华人民共和国成立到 1956 年，是中国共产党领导全国各族人民有步骤地实现从新民主主义到社会主义的转变期。在此期间，中国共产党提出国家的社会主义工业化总目标，并在实践中开辟了一条适合中国特点的针对农业、手工业与资本主义工商业的社会主义改造道路，政治制度建设也逐步推进。

对资本主义工商业，中国共产党创造了委托加工、计划订货、统购包销、委托经销代销、公私合营、全行业公私合营等一系列从低级到高级的国家资本主义的过渡形式，最后实现了马克思和列宁曾经设想过的对资产阶级的和平赎买。对个体农业，主要遵循自愿互利、典型示范和国家帮助的原则，创造了从临时互助组和常年互助组，发展到半社会主义性质的初级农业生产合作社，再发展到社会主义性质的高级农业生产合作社的过渡形式。对于个体手工业的改造，也采取了类似的方法。在

---

① 参见《中国共产党第一个纲领》(1921 年 7 月)，载中央档案馆编:《中共中央文件选集》第 1 册，中共中央党校出版社 1989 年版，第 3 页。

② 《中国共产党第二次全国大会宣言》(1922 年 7 月)，载中央档案馆编:《中共中央文件选集》第 1 册，中共中央党校出版社 1989 年版，第 115 页。

改造过程中，国家资本主义经济和合作经济在当时表现了明显的优越性。

1954 年 9 月，第一次全国人民代表大会在北京召开，审议通过了《中华人民共和国宪法》。这是中华人民共和国的第一部宪法，也是中国人民 100 多年以来为新中国诞生而英勇斗争的历史经验总结。这部宪法确立了新中国社会主义社会的根本政治制度，它明确了新中国的国体和政体，规定："中华人民共和国是工人阶级领导的、以工农联盟为基础的人民民主国家。""中华人民共和国的一切权力属于人民。人民行使权力的机关是全国人民代表大会和地方各级人民代表大会。"宪法还进一步确立了中国向社会主义过渡的方向和途径，规定："中华人民共和国依靠国家机关和社会力量，通过社会主义工业化和社会主义改造，保证逐步消灭剥削制度，建立社会主义社会。"①

这部宪法集中体现了"人民民主"和"社会主义"两大原则，并以根本大法的形式确立了中国国家政治体制的基本格局。全国人民代表大会即最高国家权力机关，国务院即中央人民政府，是最高国家权力机关的执行机关，是最高国家行政机关。第一次全国代表大会根据宪法精神，选举和决定了国家领导人和工作人员。毛泽东当选为中华人民共和国主席，朱德为副主席，刘少奇当选为全国人民代表大会常务委员会委员长，宋庆龄等 13 人为副委员长。根据中华人民共和国主席毛泽东的提名，决定周恩来为国务院总理。全国人民代表大会的召开，标志着人民代表大会制度作为中国根本政治制度的确立。

在人民代表大会制度的基础上，中国人民政治协商会议第二届全国委员会于 1954 年 12 月召开，会议讨论并通过《中国人民政治协商会议章程》。这次会议解决了政协与人大、政府之间的关系和相互配合问

---

① 《中华人民共和国宪法》（1954 年 9 月 20 日），载中共中央文献研究室编：《建国以来重要文献选编》第 5 册，中央文献出版社 1993 年版，第 522 页。

题，进一步巩固了人民民主统一战线，为我国长期坚持中国共产党领导的多党合作和政治协商的社会主义基本政治制度奠定了基础。

中国是一个由 56 个民族组成的统一的多民族国家。在长期的历史发展中，中国境内各民族逐步融合为以中华文化为精神纽带的统一的中华民族，在经济上、政治上都有密切的联系，并形成以汉族为主体的各民族大杂居、小聚居的局面。近代以来，帝国主义国家在一些少数民族中进行种种阴谋活动，策动所谓"民族独立"，妄图分裂中国。从这种实际情况出发，1949 年 9 月中国人民政治协商会议通过的《共同纲领》就确定以实行民族区域自治而不是联邦制作为解决中国民族问题的基本原则，以保证祖国统一和各民族团结，共同抵御帝国主义侵略，共同发展经济文化事业；同时保证各民族的平等地位，满足各少数民族自己当家作主的愿望。随着内蒙古、新疆、广西、宁夏、西藏 5 个民族自治区和相关民族自治州的先后成立，民族区域自治制度作为我国的基本政治制度得以实现。

人民代表大会的根本政治制度，中国共产党领导的多党合作和政治协商制度、民族区域自治基本政治制度的确立，构成了我国过渡到社会主义的政治制度体系，为我国逐步建立起社会主义经济基础和相应的经济制度，从而进入社会主义社会，提供了根本政治保障。

1956 年 1 月，中共中央召开的知识分子问题会议和随后提出的"百花齐放、百家争鸣"方针，规定了对知识分子和教育科学文化工作的正确政策，促进了教育科学文化事业的繁荣。由于党的正确政策、优良作风和崇高威信深入人心，广大干部、群众、青年和知识分子自觉学习马克思列宁主义、毛泽东思想，在党的领导下积极参加各项革命和建设工作，在全国形成了革命的、健康的、朝气蓬勃的社会道德风尚。

到 1956 年，在基本完成对生产资料私有制的社会主义改造的同时，新中国有计划的经济建设也取得巨大成就，提前完成了第一个五年计划所规定的主要指标。而伴随着以生产资料公有制占绝对优势的新的经济基础的建立，社会主义经济体制、政治体制、教育文化体制基本形成，经济建设和国家工作的各个方面都适应和服务于社会主义经济制度的建立而得到发展和改善。

依据这一客观历史进程，中国共产党在 1956 年 9 月第八次全国代表大会上确认："社会主义的社会制度在我国已经基本建立起来了。"[①]这时新的任务就是在新建立的社会主义制度的基础上迅速发展生产力，为实现国家富强、人民富裕的新的历史任务而奋斗。

二、中国特色社会主义制度在艰难曲折中发展

在民主革命时期，中国共产党为探索和开辟新民主主义革命道路，经历了艰难曲折的长期奋斗。到 1945 年中国共产党第七次全国代表大会召开的时候，对情况的估计和对策都有了比较完备的认识，并在高级领导层中取得了比较巩固的共识。但是，当全面建设社会主义的新任务那样快地摆到面前时，对于如何在中国建设社会主义，全党不仅没有经验，而且缺乏足够的思想准备。因而，也不可能有一套完整的理论。

在开始建设的时候，中共中央曾号召学习苏联，但很快注意到苏联经验并不都是成功的。关键是，苏联成功的经验也不都适合中国的情况，学习苏联终究不能代替对自己道路的探索。因此，以苏联为鉴戒，总结自己的经验，探索一条适合中国国情的建设社会主义道路的任务就被提上日程。

---

① 《中国共产党第八次全国代表大会关于政治报告的决议》（1956 年 9 月 27 日），载中共中央文献研究室编：《建国以来重要文献选编》第 9 册，中央文献出版社 1994 年版，第 341 页。

　　总体看，从"三大改造"完成到"文化大革命"前夕的十年中，由于在指导思想上出现了"左"的错误，党的八大关于社会主义建设的很多正确思想没有得到坚持和贯彻落实。但尽管道路坎坷，社会主义建设仍然取得很大成就。以 1966 年同 1956 年相比，全国工业固定资产按原价计算，增长了 3 倍。棉纱、原煤、发电量、原油、钢和机械设备等主要工业产品的产量，都有巨大的增长。从 1965 年起实现了石油全部自给。电子工业、石油化工等一批新兴的工业部门建设了起来。工业布局有了改善。农业的基本建设和技术改造开始大规模地展开，并逐渐收到成效。全国农业用拖拉机和化肥施用量都增长 6 倍以上，农村用电量增长 70 倍。高等学校的毕业生为前 7 年的 4.9 倍。科学技术工作也有比较突出的成果。

　　中国共产党在这一时期积累了领导社会主义建设的重要经验。毛泽东在 1957 年春提出必须正确区分和处理社会主义社会两类不同性质的社会矛盾，把正确处理人民内部矛盾作为国家政治生活的主题。接着，他提出要"造成一个又有集中又有民主，又有纪律又有自由，又有统一意志、又有个人心情舒畅、生动活泼，那样一种政治局面"①的要求。1958 年，他又提出要把党和国家的工作重点转到技术革命和社会主义建设上来。这些都是党的八大路线的继续发展，具有长远的指导意义。毛泽东在领导纠正"大跃进"和人民公社化运动中的错误时提出了不能剥夺农民，不能超越阶段，反对平均主义，强调发展商品生产、遵守价值规律和做好综合平衡，主张以农、轻、重为序安排国民经济计划等观点。刘少奇提出了许多生产资料可以作为商品进行流通和社会主义社会要有两种劳动制度、两种教育制度的观点。周恩来提出了我国知识分子绝大多

━━━━━━━━━━━━━━━━

　　① 《一九五七年夏季的形势》(1957 年 7 月)，载中共中央文献研究室编：《建国以来毛泽东文稿》第 6 册，中央文献出版社 1992 年版，第 543 页。

数已经是劳动人民的知识分子，科学技术在我国现代化建设中具有关键性作用等观点。陈云提出了计划指标必须切合实际，建设规模必须同国力相适应，人民生活和国家建设必须兼顾，制订计划必须做好物资、财政、信贷平衡等观点。邓小平提出了关于整顿工业企业，改善和加强企业管理，实行职工代表大会制等观点。朱德提出了要注意发展手工业和农业多种经营的观点。邓子恢等提出了农业中要实行生产责任制的观点。

所有这些，在当时和以后都有重大的意义。中共中央在调整国民经济过程中陆续制定的农村人民公社工作条例草案和有关工业、商业、教育、科学、文艺等方面的工作条例草案，比较系统地总结了社会主义建设的经验，分别规定了适合当时情况的各项具体政策，至今仍有重要借鉴作用。

遗憾的是，党的八大形成的正确路线未能完全坚持下去，先后出现"大跃进"运动、人民公社化运动等错误。[1]1966 年 5 月至 1976 年 10 月的"文化大革命"，是中国共产党探索社会主义建设道路过程中发生的全局性、长时间的严重错误，党和国家的工作、社会秩序遭到巨大破坏，给社会主义事业造成新中国成立以来最严重的挫折，教训极其深刻。"文化大革命"持续十年，使党、国家、人民遭到新中国成立以来最严重的挫折和损失[2]，十年内乱相当充分地暴露出党和国家在体制、政策、工作等方面存在的严重缺陷。正如邓小平总结 1957 年以来历史经验时所指出的："二十年的经验尤其是'文化大革命'的教训告诉我们，不改革不行，不制定新的政治的、经济的、社会的政策不行。"[3]

---

① 参见《中共中央关于党的百年奋斗重大成就和历史经验的决议》，人民出版社 2021 年版，第 13 页。

② 参见《中共中央关于党的百年奋斗重大成就和历史经验的决议》，人民出版社 2021 年版，第 13 页。

③ 《邓小平文选》第三卷，人民出版社 1993 年版，第 266 页。

"文化大革命"期间，中国社会主义建设事业虽遭到巨大损失，但仍取得了进展。粮食生产保持了比较稳定的增长。工业交通、基本建设和科学技术方面取得了一批重要成就，其中包括一些新铁路和南京长江大桥的建成，一些技术先进的大型企业的投产，氢弹试验和人造卫星发射回收的成功，籼型杂交水稻的育成和推广，等等。在国家动荡的情况下，人民解放军仍然英勇地保卫国家的安全。对外工作也打开了新的局面。这些成果，为新的历史时期开创中国特色社会主义提供了宝贵经验、理论准备、物质基础。

三、中国特色社会主义制度在锐意进取中完善

"文化大革命"结束后，在国家面临何去何从的重大历史关头，中国共产党认识到只有实行改革开放才是唯一出路，否则社会主义现代化事业就会被葬送。1978 年 12 月，中国共产党在北京召开了十一届三中全会，果断结束"以阶级斗争为纲"，实现党和国家工作重心战略转移，开启了改革开放和社会主义现代化建设新时期，实现了新中国成立以来党的历史上具有深远意义的伟大转折。

大会之后，以邓小平同志为主要代表的中国共产党人，团结带领全党全国各族人民，深刻总结新中国成立以来正反两方面经验，围绕什么是社会主义、怎样建设社会主义这一根本问题，借鉴世界社会主义历史经验，创立了邓小平理论，解放思想，实事求是，作出把党和国家工作中心转移到经济建设上来、实行改革开放的历史性决策，深刻揭示社会主义本质，确立社会主义初级阶段基本路线，明确提出走自己的路、建设中国特色社会主义，科学回答了建设中国特色社会主义的一系列基本问题，制定了到二十一世纪中叶分三步走、基本实现社会主义现代化的

发展战略，成功开创了中国特色社会主义。①

1979 年 4 月，党和国家首先提出对国民经济实行"调整、改革、整顿、提高"的方针，认真清理过去长期存在的"左"倾错误影响，使经济建设适合中国国情，符合经济规律和自然规律的要求。在此期间，轻工业发展加快了，工业内部结构朝着合理的协调的方向发展。农村改革取得突破性进展，家庭联产承包责任制获得全面肯定和推广。随后，改革政社合一的人民公社体制，实行政社分开，恢复乡镇政府；搞活商业，促进农村多种经营。农村改革调动了亿万农民的生产积极性，提高了粮食产量，有力地支持了现代化建设。

与此同时，以城市为重点的整个经济体制改革开始起步，在公有制占优势的情况下，实行国家、集体、个人一起上的方针，坚持多种经济形式和经营方式共同发展。在改革推进的过程中，对外开放也逐步展开，并取得重大突破。1980 年 8 月，中共中央、国务院正式决策创办"经济特区"，并在稍后召开的第五届全国人大常委会第十五次会议上，批

1982 年 4 月，在一片荒滩上建设起来的蛇口工业区一角。

---

① 参见《中共中央关于党的百年奋斗重大成就和历史经验的决议》，人民出版社 2021 年版，第 15 页。

准在广东、福建两省的深圳、珠海、汕头、厦门设置经济特区。

到 1982 年召开的中国共产党第十二次全国代表大会上，邓小平首次提出"建设有中国特色的社会主义"的重要命题，对新时期现代化建设的根本方向和发展道路作出了高度概括。他说："把马克思主义的普遍真理同我国的具体实际结合起来，走自己的道路，建设有中国特色的社会主义，这就是我们总结长期历史经验得出的基本结论。"① 大会还就社会主义精神文明、社会主义民主法制等问题进行了重要探索，通过了新的《中国共产党党章》。新党章规定，中共中央不设主席只设总书记，由总书记负责召集中央政治局会议、政治局常委会议和主持中央书记处的工作。自这次大会起，按照党章规定，党的全国代表大会每五年召开一次，实现了制度化。

党的十二大之后，中国党和政府大力推进经济社会各项改革工作，全面实施对外开放，形成改革开放的时代新格局。1987 年 10 月，中国共产党第十三次全国代表大会系统阐述了社会主义初级阶段理论，明确概括了党在社会主义初级阶段的基本路线。在中国共产党十三届四中全会以后，以江泽民同志为主要代表的中国共产党人，继续团结带领全党全国各族人民，坚持党的基本理论、基本路线，加深了对什么是社会主义、怎样建设社会主义和建设什么样的党、怎样建设党的认识，形成了"三个代表"重要思想，在国内外形势十分复杂、世界社会主义出现严重曲折的严峻考验面前捍卫了中国特色社会主义，确立了社会主义市场经济体制的改革目标和基本框架，确立了社会主义初级阶段公有制为主体、多种所有制经济共同发展的基本经济制度和按劳分配为主体、多种分配方式并存的分配制度，开创全面改革开放新局面，推进党的建设新的伟大工程，成功把中国特色社会主义推向 21 世纪。

---

① 《邓小平文选》第三卷，人民出版社 1993 年版，第 3 页。

党的十六大以后，以胡锦涛同志为主要代表的中国共产党人，团结带领全党全国各族人民，在全面建设小康社会进程中推进实践创新、理论创新、制度创新，深刻认识和回答了新形势下实现什么样的发展、怎样发展等重大问题，形成了科学发展观，抓住重要战略机遇期，聚精会神搞建设，一心一意谋发展，强调坚持以人为本、全面协调可持续发展，着力保障和改善民生，促进社会公平正义，推进党的执政能力建设和先进性建设，成功在新形势下坚持和发展了中国特色社会主义。

2012 年 11 月，中国共产党第十八次全国代表大会实现了中央领导集体的新老交替，中国特色社会主义进入新时代。以习近平同志为核心的党中央统筹全局，围绕实现社会主义现代化和中华民族伟大复兴的总任务，展开一系列理论创新和实践创新，战胜一系列重大风险挑战，解决了许多长期想解决而没有解决的难题，办成了许多过去想办而没有办

2012 年 11 月 8 日上午，中国共产党第十八次全国代表大会即将在北京人民大会堂开幕。图为代表入场。

成的大事，推动党和国家事业取得历史性成就、发生历史性变革。更为重要的是，以习近平同志为主要代表的中国共产党人，坚持把马克思主义基本原理同中国具体实际相结合、同中华优秀传统文化相结合，坚持毛泽东思想、邓小平理论、"三个代表"重要思想、科学发展观，深刻总结并充分运用党成立以来的历史经验，从新的实际出发，创立了习近平新时代中国特色社会主义思想，实现了马克思主义中国化时代化新的飞跃。自此，中国特色社会主义制度历经千锤百炼，趋于完善。

第二章　当代中国发展进步的根本保障

——中国特色社会主义制度彰显显著优势的故事

党领导人民在长期奋斗中，创造出经济快速发展奇迹和社会长期稳定奇迹。这"两大奇迹"告诉我们，中国特色社会主义制度具有显著优势。我们党立足中国特色社会主义事业发展全局，从 13 个方面系统总结了中国制度的显著优势。习近平总书记指出，只要坚持和完善中国特色社会主义制度，"我们就一定能够经受住一次次压力测试，不断化危为机、浴火重生"①。

一、中国特色社会主义制度的显著优势，是在顺应大势所趋、契合民心所向中彰显出来的

一个国家和民族要推动发展振兴，把握前进方向是第一位的。方向一错，全盘皆输。中国特色社会主义制度之所以能彰显显著优势，首先是因为这一制度所蕴含的价值导向和指引的方向是正确的。

---

① 《习近平著作选读》第二卷，人民出版社 2023 年版，第 349 页。

　　"站在历史正确的一边，站在人类文明进步的一边"①，是习近平总书记近年来多次强调的金句，既体现了以习近平同志为核心的党中央高瞻远瞩的战略眼光，也彰显了中国特色社会主义制度确保我们不偏航、不迷向的领航作用。

　　2024 年 3 月，苹果公司 CEO 库克到访中国，从站台上海静安苹果公司零售店开业仪式，到与比亚迪等苹果公司在华产业链重要供应商开分享会，库克均受到热情欢迎。这几年，华盛顿推动的与中国"脱钩断链"，苹果公司也受到影响。一家日本的调查公司把 iPhone15 Pro Max 机型拆开来，发现中国大陆厂商提供的零部件成本占比只剩下 2%。库克访华同期，美国国会一个两党议员小组要求对中国产无人机加税，美国商务部官员称中芯国际"可能"违反了美国法律，还有传闻称拜登政府正考虑制裁华为的芯片网络。即使美国政府对中国高科技企业如此严厉打压，库克和苹果公司也没有在中国遭遇不公正对待。② 与库克到访中国受欢迎形成鲜明对比的是，2024 年 1 月 31 日，TikTok 首席执行官周受资在美国国会参议院举行的一场听证会上，多次遭到阿肯色州共和党参议员汤姆·科顿的盘问，被迫一遍又一遍地提醒科顿，他不是中国人，"参议员，我是新加坡人"。周受资 2023 年 3 月在美国国会出席听证会时，他与中国的关系就已经被详细盘问过。③ 两相对比可以发现，中国始终顺应人类社会发展规律，背后的深层原因正在于我们走的是中国特色社会主义道路。

　　中国特色社会主义制度之所以能指引我们"站在历史正确的一边"，是因为它坚持了共产主义的远大理想。习近平总书记明确指出："马克思、恩格斯关于资本主义社会基本矛盾的分析没有过时，关于资本主义

---

①　《习近平著作选读》第一卷，人民出版社 2023 年版，第 19 页。
②　参见《库克此行，再次折射中美营商环境温差》，《环球时报》2024 年 3 月 23 日。
③　参见丁刚：《当荒诞成为美国政治大戏的主线》，《环球时报》2024 年 2 月 2 日。

必然消亡、社会主义必然胜利的历史唯物主义观点也没有过时。这是社会历史发展不可逆转的总趋势。"① 当今世界仍然处于马克思主义所指明的从资本主义走向社会主义的大时代。当前，经济全球化遭遇逆流，单边主义、保护主义抬头，我们决不能被逆风和回头浪所阻。我们坚持和发展中国特色社会主义、推动构建人类命运共同体，这是顺应人类社会历史发展大势的明智抉择。

长沙是全国首批城市更新试点城市。近几年来，该市天心区针对沙湖村成片自建房危房及衍生安全问题，组织专班探索整治模式，在深入研究论证后，提出统筹重建模式，即政府主导、公司主建、居民主体，统一规划、科学布局、原地重建。天心区金盆岭街道党工委书记夏天说："方案大幅增加了片区绿化比例，为居民配套了地下室、停车场、老年活动中心等服务设施，同时增设了部分商业面积。"2023 年 9 月，沙湖村片区统筹重建红线内的 157 栋自建房和 16 栋公房被全部拆除，并于 10 月启动新房施工。不久，这里将建成新小区，沙湖村居民将就地回迁。这让沙湖村居民的心情格外好，他们高兴地说，2024 年 10 月就能拿到钥匙搬新居，明年春节就在新家过喽。像沙湖村这样推进城市更新的项目不是少数。截至 2023 年 11 月底，全国共实施各类城市更新项目约 6.6 万个，有效增强了人民群众的获得感、幸福感、安全感。②

这个故事告诉我们，中国特色社会主义制度之所以能指引我们"站在历史正确的一边、站在人类文明进步的一边"，还因为它坚持了人民至上的价值导向。从历史来看，中国的先进分子选择科学社会主义，就是为了人民。从现实来看，坚持和发展中国特色社会主义的一切实践，

---

① 习近平：《关于坚持和发展中国特色社会主义的几个问题》，《求是》2019 年第 7 期。

② 参见周琳、谢瑶、唐一路：《多地有序推进城市更新》，《经济日报》2024 年 2 月 23 日。

近日，上海老旧居民小区城市更新项目建设正在稳步推进。图为 2024 年 3 月 15 日，工人在上海静安区谈家桥城市更新项目工地上装卸楼宇消防栓铁箱。

也都是为了人民。我们党把满足人民需要作为判断社会主要矛盾的重要方面，在不同时期都顺应人民群众对美好生活的向往，并以此确定党和国家大政方针和主要任务，进而团结带领人民破解社会主要矛盾，极大改变了中国的面貌，谱写了中国特色社会主义的壮丽史诗。

二、中国特色社会主义制度的显著优势，是在紧贴中国实际、回应实践呼唤中彰显出来的

一个国家和民族要推动发展振兴，仅仅把准方向是不够的，还必须

沿着正确方向开辟出一条可行的路来。中国特色社会主义道路，是党领导人民向着中华民族伟大复兴的光明前景大胆试、大胆闯走出来的。涉及这一道路的一系列方向性原则性的重大问题，用制度来规范和保证，就构成中国特色社会主义制度。中国特色社会主义制度之所以能彰显显著优势，正是因为这一制度是扎根中国大地生长起来的。我们照搬过本本，也模仿过别人，有过迷茫，也有过挫折，一次次碰壁、一次次觉醒，一次次实践、一次次突破，最终走出了一条中国特色社会主义成功之路，形成了日益科学完备的中国特色社会主义制度。

2020 年 10 月，汇丰集团主席杜嘉祺（Mark Tucker）表示，"中国正在继续推进改革开放，努力创造更好的营商环境，这将为包括汇丰银行在内的国际企业创造更多的机会"。有数据表明，中国的营商环境持续改善。世界银行的营商环境报告显示，2017 年中国营商环境便利度全球排名跃升至第 78 位，提高了 18 个位次。2018 年又一次性提升 32 位，从第 78 位提升至第 46 位。2019 年又提升至第 31 位。

中国营商环境的持续改善，是基于中国国情不断推进改革开放的结果。1982 年的一个下午，10 多名义乌农民在县委门口拦住县委书记谢高华讨说法。这些"鸡毛换糖"的"货担郎"，屡屡被罚被抓。谢高华调查之后，作出了开放义乌小商品市场的决断。压力随之而来：个体户经商对国营商业造成冲击怎么办？谢高华的困惑，正是当时改革的难题。计划与市场，曾如此势不两立。什么是社会主义、怎样建设社会主义？书本上没有现成答案。中国共产党人最终作出一个伟大的发明：把"社会主义"和"市场经济"结合起来。从党的十四届三中全会构筑起社会主义市场经济的基本框架，到党的十六届三中全会对完善社会主义市场经济体制作出系统性安排，再到党的十八届三中全会将"市场在资源配置中起决定性作用"写进中央决议，中国共产党以前所未有的理论和实践勇气，谱写马克思主义政治经济学的新篇章。①

2020 年 8 月 24 日，习近平总书记在经济社会领域专家座谈会上发表重要讲话，列举了改革开放以来"不仅有力指导了我国经济发展实践，而且开拓了马克思主义政治经济学新境界"②的一系列重大理论创新：关于社会主义本质的理论，关于社会主义初级阶段基本经济制度的理论，关于创新、协调、绿色、开放、共享发展的理论，关于发展社会主义市场经济、使市场在资源配置中起决定性作用和更好发挥政府作用的理论，关于我国经济发展进入新常态、深化供给侧结构性改革、推动经济高质量发展的理论，关于推动新型工业化、信息化、城镇化、农业现代

改革开放 40 多年来，我国社会主义市场经济从无到有、不断发展完善，改变了我国贫穷落后的面貌，增强了我国经济实力和综合国力，使我们迎来实现中华民族伟大复兴的光明前景。图为深圳市城区景色。

① 参见赵承等：《关键抉择，必由之路——献给中国改革开放 40 周年》，《人民日报》2018 年 12 月 14 日。

② 《习近平著作选读》第二卷，人民出版社 2023 年版，第 333 页。

化同步发展和区域协调发展的理论，关于农民承包的土地具有所有权、承包权、经营权属性的理论，关于用好国内国际两个市场、两种资源的理论，关于加快形成以国内大循环为主体、国内国际双循环相互促进的新发展格局的理论，关于促进社会公平正义、逐步实现全体人民共同富裕的理论，关于统筹发展和安全的理论，等等。每一个重大理论创新的背后，都有石破天惊的"中国震撼"，都有一个个生动的"中国故事"。正是在这些创新理论的引领下，短短 70 多年间，我国从白手起家到赶超世界、从落后时代到赶上时代再到引领时代，走完了发达国家几百年走过的工业化进程，建成了世界上最完备的工业体系，跃居世界第二大经济体，成为世界制造业第一大国、货物贸易第一大国、外汇储备第一大国。

创新的理论和实践凝结固化成创新的制度。中国特色社会主义制度之所以能保证我们不断创造"中国奇迹"，就是因为"中国理论"是紧贴中国实际提出来的，"中国道路"是结合中国实际走出来的，由此决定了"中国制度"是适配中国实际构建起来的。中国特色社会主义，不是简单延续我国历史文化的母版，不是简单套用马克思主义经典作家设想的模板，不是其他国家社会主义实践的再版，也不是国外现代化发展的翻版，而是科学社会主义基本原则与中国实际和时代特征相结合而形成的中国版。

2020 年 9 月 21 日，《国务院关于印发北京、湖南、安徽自由贸易试验区总体方案及浙江自由贸易试验区拓展区域方案的通知》发布。至此，我国自贸试验区数量已经增至 21 个。2023 年，我国发布稳外资 24 条政策措施，率先在 5 个自贸试验区和海南自由贸易港试点对接相关国际高标准经贸规则，宣布支持高质量共建"一带一路"的八项行动，自贸试验区升级扩容至 22 个。像自贸试验区这样，根据实践发展的需要，摸着石头过河，先行先试并不断推广的，还有经济特区。在 1979 年 4

月举行的中央工作会议上，习仲勋同志明确表示，在现行经济体制下，广东经济难以有大的发展，希望中央"下放权力"，允许广东先走一步，在深圳、珠海、汕头划出一些地方实行单独管理，可初步定名为"贸易合作区"，以利于华侨、港澳同胞和外商投资，按照国际市场的需要组织生产。他的这一建议引起中央的高度重视，并得到邓小平的赞许和支持。邓小平说，"还是办特区好，过去陕甘宁就是特区"，"中央没有钱，你们自己去搞"，"杀出一条血路来"①。

办经济特区、自贸试验区的故事告诉我们，中国特色社会主义制度之所以能保证我们不断创造"中国奇迹"，还因为中国特色社会主义是在直面时代挑战、回应实践呼唤中不断发展的。一个国家提出什么样的理论、走什么样的道路、建构什么样的制度，关键要看这些理论、道路和制度能否解决这个国家面临的历史性问题。能解决问题的，才是行得通的。我们党自觉把思想认识从那些不合时宜的观念、做法和体制的束缚中解放出来，从对马克思主义错误的和教条式的理解中解放出来，及时回答时代之问、人民之问，廓清困扰和束缚实践发展的思想迷雾，不断推进理论创新和实践创新，使中国实践越拓越宽，中国之制越建越好。

三、中国特色社会主义制度的显著优势，是在坚持党的领导、推进自我革命中彰显出来的

一个国家和民族要推动发展振兴，既要有正确的方向和道路，还要有强大的力量推动社会革命大潮滚滚向前。汇集这一强大力量的"聚力

---

① 中共深圳市委、深圳市人民政府：《功铸特区　情系深圳——纪念习仲勋同志诞辰 100 周年》，《光明日报》2013 年 10 月 22 日。

器"，就是中国特色社会主义制度。依托中国特色社会主义制度，党和人民画出了最大同心圆、形成了最大公约数，聚力推进改革开放，中华民族根本扭转命运、持续走向繁荣富强，创造了人类社会发展史上的奇迹。

"中国式灾害救援"，是人们对中国救灾和国外救灾对比后提出的概念。每当强烈地震、重大洪涝等灾害发生后，往往是党的领袖在第一时间作出重要指示，国家领导人在第一时间赶赴灾区，协调各级政府、各个部门积极参与救灾，财政、民政、交通运输、通信、电力、卫生防疫等政府相关部门在各司其职的基础上相互配合，确保短时间内动员各方面力量投入救灾工作，人民解放军和武警部队在灾难发生后快速反应，勇赴灾区，开展生死大救援。政府力量、军队力量、民间力量全面动员部署，对口支援机制快速启动，集结起强大的救援力量，汇聚起浩大的社会资源，引领起博大的爱心热潮，给国际社会留下了"面对灾难，整个中国一跃而起"①的深刻印象。2008 年汶川特大地震发生后，我们党采取"一省帮一重灾县"的对口援建模式，三年重建任务两年基本完成，在 13 万多平方千米的国土面积上完成城镇再造，为近 2000 万受灾民众重建家园，被赞誉为最高效的灾后重建范例，"是人类抗震救灾史上的伟大创举"。

中国特色社会主义制度能够汇聚磅礴伟力的另一个颇有说服力的例子是高铁。截至 2024 年 2 月，中国高铁运营里程已达 4.5 万千米，是世界上高铁运营里程最长、在建规模最大、商业运营速度最高、高铁技术最全面、运营场景和管理经验最丰富的国家。一条条高铁贯穿神州大地东西南北，像一条条流动的银线，将中国版图上的一颗颗"珍珠"串

---

① 何一民、王俊鸿：《"中国式灾害救援"体系彰显中国力量和制度优势》，《光明日报》2013 年 6 月 11 日。

　　上图为 2018 年 5 月 5 日无人机拍摄的汶川县映秀镇风貌；下图为 2008 年 5 月 14 日无人机拍摄的地震后的汶川县映秀镇风貌。

联起来。① 而美国的高铁梦，常常是"竹篮打水一场空"。2008 年，加利福尼亚州计划在旧金山和洛杉矶之间修建一条高铁，当时的加州人欢欣鼓舞，但后来却因资金、具体路线走向和征地等问题，一直拖延到了7 年后的 2015 年才举行开工典礼。到了 2019 年 2 月，加州决定将全程约 520 英里的高铁线路缩短至约 120 英里，令人大跌眼镜。②

中国特色社会主义制度之所以能够成为"聚力器"，是因为始终坚持了党的领导，并使之成为这一制度的最本质特征和最大优势。我们党是当代中国的最高政治领导力量，党中央是统率全党行动的最高指挥部，具有无上的政治权威。这一权威，有一系列法规制度作保证，特别是民主集中制原则的科学设计和运用，形成了组织领导上"纵向到底、横向到边"的制度安排，保证纵向上党的组织体系的每一个层级都离不开党的领导，横向上同级各组织都不能游离于党的领导之外。有了这样的制度设计，就"能做到全国一盘棋，集中力量，保证重点"。习近平总书记强调："我们党是按照马克思主义建党原则建立起来的，形成了包括党的中央组织、地方组织、基层组织在内的严密组织体系。这是世界上任何其他政党都不具有的强大优势。党中央是大脑和中枢，党中央必须有定于一尊、一锤定音的权威，这样才能'如身使臂，如臂使指，叱咤变化，无有留难，则天下之势一矣'。"③

2020 年 5 月 25 日，十三届全国人大三次会议举行第二次全体会议，听取最高人民法院和最高人民检察院的工作报告。"孙小果案""杜少平操场埋尸案"等广受社会关注的案件被写入其中。这些案件在"两高"报告中专门提出，回应了人民群众对于公平正义的追求，让民心舒畅。党的十八大以来，顺应民心的最典型例子，莫过于全面从严治党。翻开

---

① 参见贾光智：《坐着高铁领略中国之美》，《光明日报》2020 年 10 月 8 日。

② 参见关晋勇：《美国"高铁梦"靠谱吗?》，《经济日报》2020 年 10 月 23 日。

③ 习近平：《在全国组织工作会议上的讲话》，人民出版社 2018 年版，第 12 页。

十八届中央纪委的工作报告，一组组沉甸甸的数字展现了全面从严治党的力度：5 年间各级纪检监察机关共查处违反中央八项规定精神问题18.9 万起，处理党员干部 25.6 万人；2014 年以来，全国共有 7020 个单位党委（党组）、党总支、党支部，430 个纪委（纪检组）和 6.5 万余名党员领导干部被问责；5 年间，经党中央批准立案审查的省军级以上党员干部及其他中管干部 440 人，周永康、薄熙来、郭伯雄、徐才厚、孙政才、令计划等严重违纪违法案件受到严肃查处。党的十九大以来，从强化环保问责到深挖涉黑"保护伞"，到细查扶贫领域腐败和作风问题，中国反腐败斗争紧锣密鼓展开，"大动作"不断，释放出全面从严治党不停歇、反腐败斗争不松懈的强烈信号。党的二十大期间，习近平总书

2018 年 7 月，秦岭违建别墅彻底整治工作共清查出 1194 栋违建别墅。图为大型机械正在对位于秦岭北麓的违建别墅进行拆除。

记来到广西代表团，同大家一起讨论党的二十大报告。回顾全面从严治党的波澜壮阔历程，习近平总书记感慨地说："党的十八大以来，党中央以'十年磨一剑'的定力推进全面从严治党，以'得罪千百人，不负十四亿'的使命担当推进史无前例的反腐败斗争。""特别是十年下来，我们这一套自我革命的'组合拳'是载入史册的。"①

全面从严治党的故事给我们深刻的启迪：依托中国特色社会主义制度汇聚磅礴伟力，不仅是因为制度设计带来的权力影响力，从深层次来看，更是因为我们党始终保持了初心本色，具有赢得人民衷心拥护和支持的非权力影响力。我们党坚持民心是最大的政治、正义是最强的力量，始终以人民为中心，在得罪成百上千的腐败分子与得罪 14 亿多人民之间作出清醒而决绝的抉择，坚定刀刃向内推进党的自我革命的决心意志，勇毅笃行推进全面从严治党，既对党员干部的私心来个大起底大扫除，又把权力关进制度的笼子里，以思想建党和制度治党相结合赢得人民群众的鼎力支持，团结带领人民充分发挥创造历史的伟力。

---

① 朱基钗等：《永远在路上——以习近平同志为核心的党中央引领全面从严治党向纵深推进》，《人民日报》2024 年 1 月 8 日。

第三章　万山磅礴看主峰

——坚持和完善党的领导制度体系的故事

"沧海横流显砥柱，万山磅礴看主峰。"中国特色社会主义最本质的特征是中国共产党领导，中国特色社会主义制度的最大优势是中国共产党领导。习近平总书记强调："党的领导制度是我国的根本领导制度。"①把党的领导制度作为我国的根本领导制度，彰显了中国共产党的高度制度自觉、制度自信。新时代，坚持全国一盘棋，充分发挥党总揽全局、协调各方的领导核心作用，是我们能够战胜任何艰难险阻，为人类文明进步作出重大贡献的根本保证。

一、党的领导制度是经过革命、建设、改革长期实践探索形成的根本制度成果，是人民的选择

2021 年在中国广泛热播的一部影片《长津湖》，成为中国电影史中制片成本、票房最高的主旋律电影，中国观众无不为志愿军战士不怕牺牲的精神泪目。影片主要以抗美援朝战争中重要的转折点——长津湖战

---

① 《习近平著作选读》第二卷，人民出版社 2023 年版，第 284 页。

役为背景，讲述了中国志愿军第九兵团一个连队在极度严酷环境下英勇作战的感人故事。其中有个片段是在"死鹰岭"高地，美军浩浩荡荡通过时，伏击在那里的志愿军战士却没放一枪一弹，原来他们早已在整夜伏击中冻成"冰雕"。零下 30 多摄氏度的寒冬里，身着薄棉衣、脚穿胶鞋的战士们巍然不动，面向敌军，手握钢枪，保持战斗姿势。长津湖战役，打出了志愿军的英雄气概，彻底扭转了朝鲜战场的局势，也打出了新生共和国的精气神。在极度严寒、补给不足、双方兵力不对等的情况下，长津湖战役是对中国志愿军精神与意志的考验，让狂妄的美军认识到了中国军人大无畏精神气概和不怕死的力量。或许美军永远都无法明白，是什么支撑着志愿军将士在那样的条件下与他们拼死战斗，前面的倒下了后面的跟着上，以排山倒海的力量、视死如归的气概冲锋，那种支撑着将士们战斗到底的东西到底叫什么。朝鲜战争结束后，毛泽东自

图为两名年轻人在北京一家影院观看电影《长津湖》的海报。

豪地说:"美军不行,钢多气少",而我们是"钢少气多"。① 斯大林也感慨:这是一支伟大的军队!这个气,就是精气神,就是信仰的力量。影片《长津湖》以抗美援朝战争一个缩影的形式展现了人民军队的爱国情怀、对党和人民的无比忠诚,生动诠释了伟大的抗美援朝精神。回望百年历史,这样的精神贯穿了中国共产党领导革命、建设、改革开放和社会主义现代化建设的全过程。一代代中国共产党人风雨兼程、砥砺奋进,团结带领人民战胜了一个又一个艰难险阻,创造了一个又一个人间奇迹。

鸦片战争后,近代中国遭受西方列强侵略,腐朽的封建专制政权日益走向没落,国家濒临灭亡边缘。面对内忧外患局面,无数仁人志士前赴后继进行道路探索和尝试。但是,无论是农民阶级还是地主阶级,无论是资产阶级改良派还是资产阶级革命派,都未能改变旧中国的社会性质和中国人民的悲惨命运。旧民主主义革命的失败证明,中国革命要成功,必须有先进阶级及其政党领导。俄国十月革命一声炮响,给中国送来了马克思列宁主义。经过反复比较和选择,中国先进分子在马克思列宁主义的科学真理中看到了解决中国问题的出路。在马克思列宁主义同中国工人运动相结合的进程中,中国共产党诞生了。中国共产党的成立,使中国革命有了主心骨,中华民族从此有了新的引路人。中国共产党团结带领中国人民进行了 28 年的艰苦斗争,实现了新民主主义革命的伟大胜利,彻底结束了一盘散沙的社会局面,建立起人民民主专政的新中国。新中国成立后,中国共产党团结带领人民完成社会主义革命,确立社会主义基本制度,推进社会主义建设,完成了中华民族有史以来最为广泛而深刻的社会变革,为当代中国一切发展进步奠定了根本政治前提和制度基础。改革开放以来,我们党团结带领人民破除阻碍国家和民族发展的一切思想和体制障碍,开辟了中国特色社会主义道路,使中

---

① 宋群基、张校瑛主编:《抗美援朝征战纪实》,人民出版社 2021 年版,第 19 页。

国大踏步赶上时代，生产力发展水平不断提升，综合国力日益增强，人民生活水平得到极大提高，中国日益走近世界舞台中央，中华民族迎来了从站起来、富起来到强起来的伟大飞跃，迎来了实现伟大复兴的光明前景。

中国共产党是中国革命、建设和改革不断取得胜利的引领者，是实现中华民族伟大复兴的中流砥柱。中华民族近代以来 180 多年的历史、中国共产党成立以来 100 多年的历史、中华人民共和国成立以来 70 多年的历史都充分证明，没有中国共产党，就没有新中国，就没有中华民族伟大复兴。

中国共产党是中国最高政治领导力量。邓小平曾经指出："在中国这样的大国，要把几亿人口的思想和力量统一起来建设社会主义，没有一个由具有高度觉悟性、纪律性和自我牺牲精神的党员组成的能够真正代表和团结人民群众的党，没有这样一个党的统一领导，是不可能设想的，那就只会四分五裂，一事无成。"[1] 这是全国各族人民在长期奋斗实践中深刻认识到的真理。习近平总书记也强调指出："历史和人民选择中国共产党领导中华民族伟大复兴的事业是正确的，必须长期坚持、永不动摇。"[2] 我们党如果没有强烈的领导意识、领导觉悟、领导责任，是不可能在新时代坚持和完善党的领导制度体系的，这是重要的思想政治前提。

早在新民主主义革命时期，我们党就逐步探索建立了党的领导制度。古田会议确立了党对军队的绝对领导这一根本原则，在革命根据地局部执政条件下，形成了党委会统一领导党政军民工作、实行党的一元化领导体制。坚强的党的领导制度保证了党中央运筹帷幄、决胜千

---

① 《邓小平文选》第二卷，人民出版社 1994 年版，第 341—342 页。
② 习近平：《在庆祝中国共产党成立 95 周年大会上的讲话》，人民出版社 2016 年版，第 5 页。

里，赢得了新民主主义革命的彻底胜利。新中国成立后，我们党把民主集中制推广到国家政权建设和政治生活中，1954 年中华人民共和国制定的第一部宪法，以根本大法形式将党的领导融入国家制度，党的领导制度进一步得到健全，为大规模开展社会主义建设提供了坚强政治保证。进入改革开放和社会主义现代化建设新时期，邓小平在总结"文化大革命"的教训时指出："领导制度、组织制度问题更带有根本性、全局性、稳定性和长期性。"① 我们党在坚持和完善党的领导方面进行了新的探索，形成了许多制度性成果。党的十八大后，以习近平同志为核心的党中央高度重视制度建设，把制度建设摆在更加重要的位置，贯穿党的领导和党的建设全过程。党的十八届六中全会明确习近平总书记党中央的核心、全党的核心地位，建立坚决维护党中央权威和集中统一领导的相关制度。党的十九大把坚持党对一切工作的领导确立为党的基本方略第一条，把"党是领导一切的"写进党章。党的十九届四中全会进一步将党的领导制度明确为根本领导制度，强调要坚持和完善党的领导制度体系，这是理论创新、实践创新、制度创新相统一的重大成果。党的十九届六中全会在《中共中央关于党的百年奋斗重大成就和历史经验的决议》中指出，"党的领导是党和国家的根本所在、命脉所在，是全国各族人民的利益所系、命运所系"。党的领导是党和国家事业不断发展的"定海神针"，这是总结党的百年奋斗史得出的科学结论，具有充分的历史依据、理论依据和现实依据。

　　一百余年来，党领导人民从在战火纷飞的年代里上下求索，改天换地成立新中国，到改革开放主动拥抱世界，让中国赶上时代的"快车"，再到进入新时代推动各领域高质量发展，中国用几十年时间走完了发达国家几百年走过的工业化历程，创造了经济快速发展和社会长期稳定

---

　　① 《邓小平文选》第二卷，人民出版社 1994 年版，第 333 页。

图为贵州省黔西市新仁苗族乡化屋村麻窝寨易地扶贫搬迁集中安置点。

"两大奇迹"。如期完成新时代脱贫攻坚目标任务，全面建成小康社会，扎实推动共同富裕……人民生活水平不断实现新跨越。中国共产党没有辜负历史和人民的选择，历史和人民选择了中国共产党。

二、党的领导是中国特色社会主义制度最大的优势

"中国之治"与"西方之乱"的强烈对比表明，中国共产党领导的制度优势已经转化为国家治理的效能。西方政坛上经常出现"弃政从商、由商入政"现象，给人感觉似乎是政治更加平民化了，其实核心都是各自的利益。前者往往是政客在台上给自己谋了后路，走"旋转门"，后

者则是权钱交易下给予商人的政治报答，一旦利益受损，政客们将不惜撕破脸皮。如果说党派斗争中还有一些理念之争的色彩，党派内的斗争背后只有赤裸裸的利益。2014 年 9 月，时任英国首相卡梅伦虽不支持英国脱欧，但为履行竞选诺言而发起"脱欧公投"。然而，他的老同事、伦敦前市长约翰逊却选择"反水"，和就业与养老金事务大臣伊恩·邓肯·史密斯等拉拢 100 多位议员，组成保守党"脱欧派"，在执政党内闹起了分裂。同样的情况也在意大利上演，2016 年 12 月，时任意大利总理、民主党总书记伦齐在其主导的修宪公投失败后宣布辞职，不仅反对党高奏凯歌，前总理达莱玛和前总书记贝尔萨尼领导的党内"少数派"也"载歌载舞"。据统计，民主党"少数派"在公投中至少为反对党"贡献"了 10% 的选票，否则修宪公投结果可能完全不同。"少数派"这么做，主要源自对伦齐个人的不满，以及担心失去既得利益。伦齐在就任民主党总书记后，大力提拔党内年轻人，党内元老的话语权遭到削弱，而他在担任总理后又大刀阔斧地进行改革，也触动了党内众多元老的"奶酪"，修改《劳动法》更让双方在议会中"兵戎相见"，使民主党内出现事实性分裂。

　　西方民主理论宣称，只有实行竞争性政党制度，通过民意选择和政党博弈，才能产生比较理想的执政党及领导人。然而，今天的西方政党已被选票绑架。为了多拉选票，候选人极力讨好选民，一旦当选，承诺就变成一纸空文。执政的领导人往往通过提前选举或公投，为自己的权力游戏"下注"。例如，在 2016 年意大利地方选举中，"五星运动"候选人拉吉以反腐反黑的口号赢得胜利，但入主市政府不久后，由她任命的多名官员都被查出涉嫌贪腐，甚至连她本人也遭到检方传唤调查。由此可见，西方政党政治以多党竞争为主要特点，政党就是围绕夺取政权、维护政权和参与政权而开展活动的政治组织。政党之间围绕权力进行博弈是西方政党政治的常态，随着西方政党日益脱离群众，成为少数既得利益者的政治工具，这种博弈往往以损害国家利益为代价。

与之形成鲜明对比的是，中国共产党具有独特政治优势。中国共产党是中国工人阶级的先锋队，同时是中国人民和中华民族的先锋队，是中国特色社会主义事业的领导核心，代表中国先进生产力的发展要求，代表中国先进文化的前进方向，代表中国最广大人民的根本利益。党除了人民群众的利益外，没有自己的特殊利益。俄罗斯科学院远东研究所首席研究员亚历山大·洛马诺夫认为，"如今，西方政治制度的弊端越来越明显，老百姓对传统政党感到失望，新的政党又没有执政经验，大多数只能靠喊口号、煽动民粹主义情绪来获得支持，不能实际解决问题"①。对比西方社会的现状，中国的新型政党制度具有很强的现实意义。

一切为了人民，紧紧依靠人民，是马克思主义政党的根本特征。确保人民群众生命安全和身体健康，是党的领导制度的本质要求。妇女儿童健康是全民健康的基石，是衡量社会文明进步的标尺，是人类可持续发展的前提。中国拥有世界上规模最大的妇女儿童群体。2020 年，中国住院分娩率稳定在 99% 以上，孕产妇死亡率下降到 16.9/10 万，婴儿死亡率下降到 5.4‰，5 岁以下儿童死亡率下降到 7.5‰，妇幼健康核心指标位居全球中高收入国家前列。100 多年来，中国共产党领导人民推翻了压在中国妇女身上不平等的社会制度，建立起保障妇女儿童健康的制度和服务体系，走出了一条具有中国特色的发展道路，取得了举世瞩目的成就，成为全世界保障妇女儿童健康的成功典范。新中国成立前，妇幼健康服务缺失，由于接生方法落后导致的新生儿破伤风、产妇产褥热、产后出血等问题突出。新中国成立后，在党的领导下妇幼健康工作

---

① 《国际社会：中国新型政党制度是对人类政治文明的丰富和拓展》，环球网，2018 年 3 月 9 日。

以降低孕产妇和儿童死亡为重点，从改造旧产婆培训新法接生员、推行普及新法接生开始，逐步加强服务体系和能力建设，实施儿童免疫规划，推进儿童保健和孕产期系统保健服务。党的十八大以来，以习近平同志为核心的党中央将人民对美好生活的向往作为奋斗目标，实施健康中国战略，推动妇幼健康实现飞跃发展。2016 年 8 月，习近平总书记在全国卫生与健康大会上强调，"要重视重点人群健康，保障妇幼健康"①；同年 10 月，中共中央、国务院印发《"健康中国 2030"规划纲要》，提出"实现从胎儿到生命终点的全程健康服务和健康保障"；2019 年 7 月，《国务院关于实施健康中国行动的意见》针对妇女儿童群体实施妇幼健康促进行动，为妇幼健康事业发展指明了战略方向。党的十九届五中全会将提高优生优育服务水平作为积极应对人口老龄化国家战略的重要内容，进一步强化妇幼健康在国家人口发展战略中的基础性作用，这是党中央给妇幼健康工作提出的新要求和新任务。

习近平总书记明确指出："中国最大的国情就是中国共产党的领导。什么是中国特色？这就是中国特色。中国共产党领导的制度是我们自己的，不是从哪里克隆来的，也不是亦步亦趋效仿别人的。"② 面对新中国成立以来传播速度最快、感染范围最广、防控难度最大的重大突发公共卫生事件，中国共产党作为我国的最高政治领导力量，充分发挥总揽全局、协调各方的领导核心作用，坚持全国一盘棋，调动各方面积极性，形成众志成城团结抗疫的磅礴力量，这是中国打赢疫情防控人民战争、总体战、阻击战的根本保证。

中央是党的组织体系的大脑和中枢，是我们能够战胜疫情的"定海神针"。新冠疫情发生后，以习近平同志为核心的党中央高度重视，全

---

① 《习近平谈治国理政》第二卷，外文出版社 2017 年版，第 371 页。
② 习近平：《中国共产党领导是中国特色社会主义最本质的特征》，《求是》2020 年第 14 期。

2020年1月22日，华中科技大学同济医学院附属协和医院医护人员加入抗击新型冠状病毒感染的肺炎突击队，突击队由该院党委组建，以党员为主体。

面加强对疫情防控工作的集中统一领导。习近平总书记亲自指挥、亲自部署，多次听取汇报、作出重要指示，多次主持召开重要会议、及时制定疫情防控战略策略，多次深入一线调研，考察指导疫情防控工作。把全国疫情防控工作置于党中央的集中统一领导之下，充分体现了党中央在这场战"疫"中的大脑和中枢作用，充分体现了全国一盘棋中的"帅"之权威。在党中央的坚强领导下，国务院建立联防联控机制，加强协调调度。中央有关部门各司其职，迅速响应，军队积极行动，支援地方疫情防控，全国上下各党政军群机关和企事业单位紧急行动、全力奋战，广大医务人员无私奉献、英勇奋战。疫情发生后，各地330多支医疗救援队、4.3万名医务人员驰援湖北，19个省份对口支援湖北各地市，火神山医院、雷神山医院仅用十天时间就"神速"完工，武汉平均每天建成一座方舱医院，城市乡村、工厂企业、机关学校全部参战，党员干部群众纷纷捐款，全国人民众志成城、团结奋战。这一切都生动体现了党的集中统一领导的强大制度优势。邓小平曾指出："社会主义同资本主义比较，它的优越性就在于能做到全国一盘棋，集中力量，保证重点。"① 一言以蔽之，党的领导制度保障了我国国家制度的具体落实，保障了国家制度体系的优越性转化为实实在在的治理效能。

三、坚持和完善党的领导制度体系是实现中华民族伟大复兴的重要保证

马克思主义政党从诞生之日起，就面临着维护权威和集中统一领导的重大问题。第一国际时期，面对巴枯宁鼓吹的反权威论和无政府主义，马克思、恩格斯进行了严厉批判。1871 年 3 月 18 日，巴黎工人举行起义，推翻了资产阶级反动统治，建立了人类历史上第一个无产阶级政权。但巴黎公社仅仅存在了 72 天，就遭到反动势力的联合绞杀。为什么巴黎公社存在那么短的时间就失败了？原因有很多，其中很重要的一条，就是没有形成统一的领导核心。当时巴黎公社委员会每逢开会时，都实行会议主席的临时推选制，规定每个委员都可以根据自己的职权发号施令，导致革命力量松散混乱、各行其是，最终使公社政权遭受覆灭。后来恩格斯明确指出："巴黎公社遭到灭亡，就是由于缺乏集中和权威。"② 列宁在领导俄国革命过程中，也面临类似的考验。在俄国第一个马克思主义政党社会民主工党成立后，围绕党的中央领导机构问题，党内产生了严重的意见分歧。孟什维克分子主张多中心领导，由两

---

① 《邓小平文选》第三卷，人民出版社 1993 年版，第 16—17 页。

② 《马克思恩格斯选集》第 4 卷，人民出版社 1995 年版，第 606 页。

个或两个以上的中央领导机构领导全党活动。对此，以列宁为代表的布尔什维克与孟什维克进行了彻底的斗争，提出了要坚决维护中央委员会的权威。"道不同，不相为谋。"这也成为布尔什维克与孟什维克最终决裂的一个重要因素。后来经过长期努力，布尔什维克内部逐渐树立和强化了中央领导机构的权威，确保党中央的决定能够得到无条件执行。正是有了这个坚强的政治保证，十月革命中，在列宁等领导人的统一指挥下，革命士兵和工人赤卫队像潮水般涌入冬宫，推翻了资产阶级临时政府，建立了苏维埃政权，诞生了世界上第一个社会主义国家。然而历史充满戏剧性，70多年后，正是因为苏共主动放弃党的领导、削弱了党中央权威，导致一个大党大国一夜之间分崩离析。

古往今来，世界上的大国崩溃或者衰败，其中一个普遍原因就是中央权威丧失、国家无法集中统一。从历史和世界的经验来看，坚持党的领导，首先是坚持党中央权威和集中统一领导。维护党中央权威，就是维护全体党员的共同意志的权威，就是维护人民群众根本利益的权威。这一权威是有深刻历史基础和现实基础的，是经历近百年历史淬炼而形成的，是能够克服任何风险和挑战的。

治国如棋局，党中央稳坐中军帐。中国象棋是一项古老的益智游戏，最早雏形距今有3000多年，一直受到人们的喜爱。象棋的魅力就在于，布局精妙、攻防有序，将帅稳坐中军帐，象相士仕列两旁，车马炮各展所长，卒兵英勇向前进。治国也如此，党中央就好比将帅，在全盘之中起着大脑和中枢的作用，对下好、下活全党全国这盘"大棋局"至关重要。坚定维护党中央权威和集中统一领导，是一个成熟的马克思主义政党必须始终坚持的重大原则，也是我们党深刻总结历史经验教训得出的科学结论。一部中国共产党历史，就是一部形成并维护党中央权威和集中统一领导的历史。在党成立早期，由于没有形成成熟的党中央，导致党的事业几经挫折。在革命生死存亡的关键时刻，遵义会议事实上确立了毛泽东同志在红军和党中央的领导地位，党开始形成坚强的领导核心。毛泽东曾作过一个生动的比喻："一个桃子剖开来有几个核心吗？不，只有一个核心。"[①] 正是在党中央的坚强领导下，中国革命才得以一步步走向胜利，中国社会主义建设和改革的伟大事业才得以不断向前推进。即使是发生"文化大革命"那样的十年内乱，有党中央的掌舵定向，党和国家事业也没有从根本上被动摇，社会主义中国的航船依然在曲折中奋力前行。经过长期努力，中国特色社会主义进入了新时代，我们比历史上任何时期都更接近、更有信心和能力实现中华民族伟大复兴的目标。

"万物得其本者生，百事得其道者成。"党的十九届四中全会总结以往成功经验和有效做法，立足坚持和完善党的领导制度体系，明确了六个方面的制度安排：建立不忘初心、牢记使命的制度，完善坚定维护党中央权威和集中统一领导的各项制度，健全党的全面领导制度，健全为人民执政、靠人民执政各项制度，健全提高党的执政能力和领导水平制度，完善全面从严治党制度。这六个方面的制度彼此支撑、相互联系，共同构筑了党的领导制度体系大厦，是坚持和加强党对一切工作领导的根本制度保障。只有全面贯彻落实好这些制度要求，党的领导这个本质特征才能体现好，最大优势才能发挥好。

建立不忘初心、牢记使命的制度。初心和使命是中国共产党人不懈奋斗的根本动力。建立不忘初心、牢记使命的制度，是制度治党的重大创新，是党在新时代主动适应党情国情世情变化的制度实践。其价值维度在于要时刻牢记我们党的一切辉煌成就来自人民的创造、一切磅礴力量根植人民的智慧，必须坚持人民的主体地位，依靠人民创造新的历史

---

① 武汉大学党内法规研究中心编著：《永远在路上：全面从严治党关键词》，人民出版社 2017 年版，第 76 页。

伟业。要使我们党一以贯之地以真挚的为民情怀滋养初心，以服务的公仆本色践行使命，与人民同甘共苦，着力解决好人民的现实利益问题。要使改革发展成果更多更公平地惠及全体人民，从而不断赢得人民的信任和拥护，为我们党长期执政奠定坚实的群众基础。

完善坚定维护党中央权威和集中统一领导的各项制度。我们党在成立初期，就把民主集中制作为党的根本组织原则，作出了全党服从中央的基本制度安排。延安时期，我们党先后制定了《关于中央委员会工作规则与纪律的决定》《关于健全党委制》等系列制度文件，形成了维护党中央权威和集中统一领导的体制框架和基本格局。解放战争时期，我们党在全党全军普遍建立起向党中央请示报告的制度，有效加强了党中央的集中统一领导。新中国成立后，党中央及时在中央政府机构设立党组，成立财经、政法、科学、文教、外事等五个领导小组，形成党中央对国家政权集中统一领导的根本制度。改革开放和社会主义现代化建设新时期，我们确立党总揽全局、协调各方的领导格局，制定了中央政治局、中央政治局常委会的工作规则，探索建立了巡视制度。党的十八大以来，以习近平同志为核心的党中央坚持制度治党、依规治党，制定《关于新形势下党内政治生活的若干准则》《中国共产党中央委员会工作条例》《中国共产党重大事项请示报告条例》等一系列党内法规，改革和完善党和国家机构职能体系，推动坚定维护党中央权威和集中统一领导的具体化、规范化、制度化，党的团结统一更加巩固。在新征程上，必须不断完善、坚定执行维护党中央权威和集中统一领导的各项制度，确保增强党的团结和集中统一，确保全党步调一致向前进。

健全党的全面领导制度。党的领导是党和国家事业不断发展的"定海神针"。党的十八大以来，党的全面领导贯穿于经济建设、政治建设、文化建设、社会建设、生态文明建设等领域，充分发挥党总揽全局、协调各方的领导核心作用，为党和国家事业取得历史性成就、实现历史性变革提供了坚强保证。从生态文明建设到社会建设，从改革开放到经济建设，从民生工程到农业发展……各领域全面开花，中国山乡巨变，社会安宁、人民幸福，中国奇迹震撼世界。成绩的取得，正是因为把握住加强党的领导这个总抓手，以实现共同富裕为目标，让改革发展成果更多更公平惠及全体人民。历史和实践证明，中国共产党的领导，是我国政治稳定、经济发展、民族团结、社会稳定的根本点，绝不能有丝毫动摇。

　　健全为人民执政、靠人民执政各项制度。充分发扬民主，广泛听取意见，是我们党带领人民治理国家的优良传统，也是尊重人民主体地

图为甘肃省敦煌市向西约 20 千米处，被称为"超级镜子发电站"的首航高科敦煌 100 兆瓦熔盐塔式光热电站。

位、发挥人民首创精神的重要形式。"七五"计划编制开始大范围征求意见，"十五"计划首次通过群众征文方式征集意见建议，"十二五"规划编制期间国家发展改革委、工商联、妇联等党群机构开展建言献策活动……回顾已经实施的十三个五年计划规划，贯彻民主集中制被越来越频繁地重视起来。编制工作倾听各方面意见、汇集各方面智慧，有力保障了计划规划的民主性、科学性。此次"十四五"规划大范围开展网上意见征求活动，既是对互联网时代公众网上参与政治的一次积极呼应，也成为发扬社会主义民主政治优势、推动国家治理能力和治理体系现代化的一次务实尝试。人民是党执政的最大底气，是国家治理的主角和根基。紧紧依靠人民、牢牢植根人民，就没有实现不了的梦想，就没有到达不了的远方。在"十四五"规划纲要中，"人民"一词共出现了46次，以人民为中心的理念贯穿其中，具有丰富的价值内涵。锚定2035年远景目标，聚焦"十四五"阶段性任务，紧紧围绕"六个新"目标要求，"十四五"规划纲要设置经济发展、创新驱动、民生福祉、绿色生态、安全保障5大类20个主要指标。其中，民生福祉类指标有7个，占比超过1/3，是历次五年规划中最高的。在其他主要指标整体"瘦身"的同时，民生指标不降反升，是对民生期盼的回应，也是实现高质量发展的应有之义。

健全提高党的执政能力和领导水平的制度。从1978年开启改革开放大幕，到1992年力推改革向前，再到新时期全面深化改革，我们党始终是改革的倡导者、推动者、领导者。"中国道路"的成功实践、"中国故事"的精彩述说，已经雄辩地证明了我们党的执政能力和领导水平。"党的执政地位不是与生俱来的，也不是一劳永逸的。我们必须居安思危，增强忧患意识，深刻汲取世界上一些执政党兴衰成败的经验教训，更加自觉地加强执政能力建设，始终为人民执好政、掌好权。"《中共中央关于加强党的执政能力建设的决定》中的这句话充满了忧患意识。党的执政能力和领导水平直接决定和影响国家治理能力，国家治理能力现代化必然集中体现在党的执政能力和领导水平上。党的十八大以来，习近平总书记反复以"历史周期率"和毛泽东"进京赶考"不能失败的告诫提醒全党，能不能长期执政的考试至今仍没有结束，"赶考永远在路上"，要求始终保持忧患意识，不断提高自我净化、自我完善、自我革新、自我提高的能力。他不止一次地指出，如果不能全面从严治党，在党的建设上出现精神懈怠，就有可能"上演'霸王别姬'的悲剧"①。这就要求我们必须通过不断提高党的长期执政能力的建设实践，保证中国共产党在国内外形势深刻变动和中国特色社会主义伟大事业发展中立于不败之地。

完善全面从严治党制度。2021 年 11 月 8 日至 11 日，党的十九届六中全会在北京召开。全会强调，"全党必须铭记生于忧患、死于安乐，常怀远虑、居安思危，继续推进新时代党的建设新的伟大工程，坚持全面从严治党，坚定不移推进党风廉政建设和反腐败斗争，做到难不住、压不垮，推动中国特色社会主义事业航船劈波斩浪、一往无前"②。党的十八大以来，在全面从严治党上，党的自我净化、自我完善、自我革新、自我提高能力显著增强，管党治党宽松软状况得到根本扭转，反腐败斗争取得压倒性胜利并全面巩固，党在革命性锻造中更加坚强。但是，我们必须清醒认识到，前进道路上仍然存在可以预料和难以预料的各种风险挑战，我国仍处于并将长期处于社会主义初级阶段，我国仍然是世界最大的发展中国家，社会主要矛盾是人民日益增长的美好生活需要和不平衡不充分的发展之间的矛盾。为此，须坚持全面从严治党，推进新时代党的建设新的伟大工程。

① 《习近平著作选读》第一卷，人民出版社 2023 年版，第 517 页。
② 《中国共产党第十九届中央委员会第六次全体会议公报》，人民出版社 2021 年版，第 17 页。

第四章　跳出"历史周期率"的根本制度保障

——坚持和完善人民当家作主制度体系

　　1945 年 7 月，黄炎培先生造访延安期间，曾坦率地对毛泽东说："我生六十多年，耳闻的不说，所亲眼看到的，真所谓'其兴也淳焉'，'其亡也忽焉'……总之没有能跳出这周期率。"① 毛泽东自信地说道："我们已经找到新路，我们能跳出这周期率。这条新路，就是民主。"② 没有民主就没有社会主义，人民民主是社会主义的生命。在革命、建设和改革的伟大实践中，我们党始终高举人民民主的光辉旗帜，创立、坚持和完善人民代表大会制度的根本政治制度，中国共产党领导的多党合作和政治协商制度、民族区域自治制度、基层群众自治制度，形成人民当家作主制度体系，不断发展了社会主义民主政治。

一、人民当家作主制度体系是历史的选择、人民的选择

　　人类数千年政治文明史充分说明，一个国家走什么样的政治发展道

----

　　①　黄炎培：《八十年来》，文汇出版社 2000 年版，第 204—205 页。
　　②　中共中央文献研究室编：《毛泽东年谱（一八九三——一九四九）》（修订本）中卷，中央文献出版社 2013 年版，第 611 页。

路，实行什么样的政治制度，一定要与这个国家的国情和性质相适应。古今中外，由于政治发展道路选择错误而导致社会动荡、国家分裂、人亡政息的例子比比皆是。中国是一个发展中大国，坚持正确的政治发展道路，选择适合自己的政治制度更是关系根本、关系全局的重大问题。

近代以后，当我国遭受西方列强欺凌，中华民族面临内忧外患、生死存亡的时候，一批率先觉醒的中国人首先进行了探索，试图建立一套现代化的政治制度。洋务运动、戊戌变法、清末新政等政治实践在中国近代政治舞台上，可以说是你方唱罢我登场，但都没能取得成功，比较成形、比较系统的应该是从辛亥革命开始的。但辛亥革命后按照西方模式建立起来的多党制、议会制等，并没有实现中国人民要求独立、民主的迫切愿望，反而成为掩盖专制独裁的工具。宋教仁因反抗专制，主张用内阁制限制总统袁世凯的权力，遭到刺杀。当时老同盟会的成员蔡济民在《书愤》这首诗中对辛亥革命作了这样的总结："无量头颅无量血，可怜购得假共和。"道出了世人对辛亥革命成果被篡夺的无尽遗憾和无奈。

历经近代百余年的艰难探索和斗争，中国人民终于认识到，在中国特定的国情背景下，照搬西方政治制度是一条根本走不通的路，要完成救亡图存和反帝反封建的历史任务，必须以中国化的新思想新理论开创中国革命新道路、建立全新的政治制度，中国共产党承担起了这样的历史责任。早在 20 世纪 30 年代，红色苏区根据地就开始尝试政权建设，创设不同于资本主义国家的政治制度。1931 年 11 月 7 日至 20 日，中华苏维埃第一次全国代表大会在江西瑞金叶坪村召开，来自闽西、赣东北、湘赣、湘鄂西、琼崖、中央等根据地的红军部队，以及在国民党统治区的全国总工会、全国海员总工会的 600 多名代表出席大会。大会通过了宪法大纲，确立了工农兵苏维埃全国代表大会为共和国最高政权。1934 年 1 月 22 日至 2 月 1 日，红色苏区召开了中华苏维埃第二次全国代表大会。正是这两次苏维埃全国代表大会的探索和实践，孕育了我们今天的人民代表大会制度。抗战时期，陕甘宁边区根据地政权组织形式是建立在"三三制"基础上的参议会，代表了广泛的抗日民族统一战线。"三三制"的结构主要是，三分之一的共产党员，三分之一中间分子，三分之一左派进步分子。参议会由选民通过普遍、直接、平等和无记名的投票选举产生，这种政权组织形式，孕育了今天中国共产党领导的多党合作政治协商制度。那个时候，我们党已经占据了一些民族地区，所以为解决民族问题，陕甘宁边区分别在 1941 年和 1944 年建立了蒙、回民族自治区，开始了民族区域自治的实践。

这些制度经过长期的试验、试错，新中国成立后，就逐步构设起了一套基础性的制度框架。1949 年 9 月 21 日至 30 日，中国人民政治协商会议第一届全体会议在北平中南海怀仁堂召开。这是一次由中国共产党发起并领导的，有各民主党派、无党派民主人士和人民团体代表参加的，协商成立中华人民共和国有关事宜的会议。出席会议的代表有：中共和各民主党派、无党派民主人士、各人民团体、解放军、全国总工会、青年团、全国妇联、学联，以及少数民族、国外华侨、宗教界等方面代表 662 人。毛泽东主持会议并致开幕词，他说："占人类总数四分之一的中国人从此站立起来了"，"我们的民族将再也不是一个被人侮辱的民族了，我们已经站起来了"。[1] 会议通过了《中国人民政治协商会议共同纲领》，指出中华人民共和国的性质是以工人阶级为领导的、工农联盟为基础的、团结各民主阶级和少数民族的人民民主专政国家，并为新中国的政权机关、军事制度、经济政策、文教政策、民族政策和外交政策制定了总原则。

---

[1] 《毛泽东外交文选》，中央文献出版社、世界知识出版社 1994 年版，第 113—114 页。

  1954 年 9 月 15 日至 28 日，中华人民共和国的缔造者们，同经过普选产生的 1200 多名全国人大代表一道，召开了第一届全国人民代表大会第一次会议，通过了第一部《中华人民共和国宪法》。宪法规定，中华人民共和国是工人阶级领导的、以工农联盟为基础的人民民主国家。中华人民共和国的一切权力属于人民。人民行使国家权力的机关是全国人民代表大会和地方各级人民代表大会。全国人民代表大会、地方各级人民代表大会和其他国家机关，一律实行民主集中制，标志着人民代表大会制度这一国家根本政治制度的正式建立。这是中国人民翻身作主、掌握自己命运的必然选择，是中国人民在人类政治制度史上的伟大创造。

  新中国成立 70 多年了，我们的制度体系在不断完善发展，但支撑"四梁八柱"的制度框架还是这些根本制度、基本制度和重要制度。2014 年 2 月 17 日，习近平总书记在省部级主要领导干部学习贯彻党的十八届三中全会精神全面深化改革专题研讨班上的讲话中充分肯定了我国制度探索、实践和改革打下的坚实基础。他说："从形成更加成熟更加定型的制度看，我国社会主义实践的前半程已经走过了，前半程我们的主要历史任务是建立社会主义基本制度，并在这个基础上进行改革，现在已经有了很好的基础。"[①] 中国共产党牢牢立足中国历史条件、社会环境和文化背景，坚持人民主体地位，坚定不移走中国特色社会主义政治发展道路，不照搬照抄他国政治制度模式，构建起一整套独具特色又切实保障人民根本利益的制度体系。

  反观某些西方发达国家，不顾一些后发国家的历史传统、人民意愿，强行推广所谓的"普世民主"，不仅没有给当地人民带来安定有序、快速发展的良好局面，反而让他们陷入持续动荡、民不聊生的情境之

---

  ① 中共中央文献研究室编：《习近平关于社会主义政治建设论述摘编》，中央文献出版社 2017 年版，第 6—7 页。

中。阿富汗就是最新一例，它证明了西方民主并不具有真正的"普世性"。2021 年 8 月 15 日，随着阿富汗塔利班武装部队攻入阿富汗首都喀布尔并迅速占领总统府，阿富汗时任总统加尼逃亡第三国，标志着经营了 20 年的美式民主在阿富汗彻彻底底地失败。2001 年，美国发动阿富汗战争并以摧枯拉朽之势击溃塔利班政权后，便意图将阿富汗建成一个"民主国家样板"。然而，美国完全不顾阿富汗现实与传统、强行输出美式民主制度，非但没有为阿富汗国家重建凝聚力量，反而令阿富汗精英阶层内部矛盾激化，造成国内局面更加动荡，平民生活更加困苦。美军挥一挥衣袖，撤离阿富汗，留下了一地鸡毛。"长年战乱导致阿富汗经济凋敝，造成约 72% 的民众生活在贫困线以下，失业率高达 38%。"① 美国领导人那句"美在阿政策目标不是重建"既是自我解嘲，却也恰如其分：无论是伊拉克、叙利亚，还是阿富汗，美军所到之处，留下的都是动荡分裂、家破人亡。阿富汗的"美式民主"失败在人类政治历史进程当中，是一个重要个案，警醒人们，民主不能照搬照抄，不能强行推广。正如 2021 年 9 月 21 日，习近平总书记在北京以视频方式出席第七十六届联合国大会一般性辩论并发表重要讲话中强调的："一个和平发展的世界应该承载不同形态的文明，必须兼容走向现代化的多样道路。民主不是哪个国家的专利，而是各国人民的权利。"② 各国的民主制度、民主发展道路一定要符合本国国情。而中国人民当家作主的制度体系的探索之所以能够取得成功，正是因为它是在我国历史传承、文化传统、经济社会发展的基础上长期发展、渐进改进、内生性演化的结果。

---

① 《霸权主义和强权政治不得人心（钟声）——20 年阿富汗战争给美国的警示》，《人民日报》2021 年 8 月 26 日。

② 《习近平著作选读》第二卷，人民出版社 2023 年版，第 515 页。

二、人民当家作主制度体系彰显独特魅力、显著优势

党的十九届四中全会通过的《中共中央关于坚持和完善中国特色社会主义制度 推进国家治理体系和治理能力现代化若干重大问题的决定》，全面总结了我国国家制度和国家治理体系的显著优势，其中之一就是"坚持人民当家作主，发展人民民主，密切联系群众，紧紧依靠人民推动国家发展"，明确揭示出人民当家作主制度的极端重要性和无比优越性。

我们党自成立起就以人民民主的旗帜来凝聚人心。毛泽东早就说过："历史给予我们的革命任务，中心的本质的东西是争取民主。"[①] 革命战争年代，我们党在根据地创造了许多前所未闻的民主形式，让人耳目一新。比如，抗战时期，陕甘宁边区的群众大多不识字，一个村里可能就两三个人识字。那么，怎么让文化水平比较低的群众都能参与到选举中来，实现人民当家作主呢？我们党创造性地运用了向候选人身后的搪瓷碗里扔豆子的方式实现了广大群众的选举权利。当时，有首豆选诗说的就是这回事："金豆豆，银豆豆，豆豆不能随便投。选好人，办好事，投在好人碗里头。"

豆选里面的一些细节很能体现我们党在推行民选的过程中以程序公正来保证结果公正科学设计。因为村民们相互认识，走上前在碗里扔豆子，候选人根据身后碗里的响声就大概能判断出刚才给谁投了票，这就违背了无记名投票的规则，所以后来就在碗里盛上半碗水，就听不到声音了。但是还可能会出现有人上去投豆子的时候，看到自己钟意的候选人碗里的豆子比较少，会从别的碗里抓一把扔进自己支持的

---

① 《毛泽东选集》第一卷，人民出版社1995年版，第274页。

候选人碗里。所以，后来的豆选就在碗上面蒙上了一张布，布上面留一个小孔，只能往进投豆子，而拿不出豆子。但是还有一个问题，就是有的村民事先在兜里揣了把豆子充当选票，怎么办？我们就把豆子染成几种颜色，选举前，现场决定用哪种颜色的豆子充当选票，这样就避免了这个问题。可以说，豆选这种方式在当时的物质条件下最大限度地实现了根据地群众的选举权利，也最大范围动员了群众，为赢得抗战胜利提供了力量之源。有老前辈在回忆中就提到："一个民兵战斗英雄，在投票之后晃着他手中的枪激动地说：'为了投这个豆子，流血牺牲，值得！'"[1]

当时美国女作家史沫特莱长期在延安采访，后来她写了一本书，长篇报告文学《中国的战歌》。她在书中就说，这样每个人都能参与的豆选方式，"是比近代英美还要进步的普选，是真正的民主！"[2] 因为当时英美等国的选举权适用人群的年龄范围远没有我们更为广泛。1948年英国的普选权适用的是年满 21 周岁的公民，直到 1969 年才下移到18 周岁。而美国的种族不平等更为突出，黑人选举权直到 20 世纪 70年代才最终得以实现，而我们的豆选适用的是年满 18 周岁的所有公民。1937 年 5 月颁布的《陕甘宁边区选举条例》规定，除了汉奸、依法被剥夺公民权的罪犯及精神病患者外，"凡居住在边区境内的人民，年满 18 岁，不分阶级、党派、职业、男女、宗教、民族、财产和文化成都的差别，都有选举权和被选举权"[3]。所以史沫特莱把豆选这种先进的民选方式介绍给了全世界。不仅是史沫特莱介绍过中国的豆选，当时到访过延安的一些西方的记者、外交官或者是同情中国革命的友

---

① 韶华：《体验选举》，《北京观察》2000 年第 9 期。

② 鄂豫边区革命史编辑部：《鄂豫区抗日民主根据地史稿》，湖北人民出版社1995 年版，第 164 页。

③ 《陕甘宁边区选举条例》，延安《新中华报》1937 年 5 月 23 日。

好人士，都曾经在他们的书中研究、介绍过中国的豆选。比如王安娜（德）的《中国——我的第二故乡》、柯鲁克夫妇（英）的《十里店——中国一个村庄的革命》、斯特朗（美）的《中国人征服了中国》、韩丁（美）的《翻身》，等等。

　　针对抗日根据地实行的民选，国民党指责我们，他们说，那些人都是文盲，文化水平那么低，让他们搞选举，这是胡来，这不是真民主。蒋介石主张，中国非要实行一段时间训政，而不能实行民主。当时的国民党不敢搞民主，因为太腐败了，越腐败越不敢搞民主，越不搞民主越不得民心，越不得民心就会越腐败，最终陷入恶性循环，在民众中形成的是官僚、腐败、无能的形象。而共产党日益扎根人民，同群众形成了不可分割的血肉联系。正是在这种反差巨大的比较中，我们党赢得了人民大众的广泛认同。才会有"最后一碗米，拿去当军粮；最后一尺布，缝在军装上；最后一个娃，送去上战场；最后一床被，盖在担架上"的感人景象。在人民的支持和拥护下，我们实现了"枪杆子里面出政权"，成立了新中国。新中国成立后有人问陈毅，淮海战役怎么打赢的，陈毅说是老百姓用小车推出来的。据统计，为支援淮海战役，"动员起来的民工累计达543万人，向前线运送1460多万斤弹药、9.6亿

史沫特莱 1937 年夏在延安的资料照片。

斤粮食等军需物资"①。不仅是淮海战役,在新民主主义革命时期的任何一个阶段,人民群众都给予了巨大的支持。

党的力量源于人民,党领导一切的基础也在人民。怎么赢得人民的支持?只有让人民深切感受到党的领导就是自己当家作主,我们的政权才能获得最坚实的基础。所以,如何保证我们在成为执政党之后,人民民主的旗帜仍然不褪色,是实现党长期执政的根本问题。新中国成立后,随着群众文化水平的普遍提升,豆选逐渐淡出人们视线,取而代之的是票选。经过几十年的发展,选举民主和协商民主的制度更加完善,人们当家作主的体验也更加强烈。2004 年 9 月 9 日上午,成都中共小天竺街道九如村社区党支部换届选举,党员李建强连夜从广州"打飞的"回家,在候选人名单上投下了自己庄严的一票。他说,"事业在广州虽然才起步,但我觉得选举是一件很庄严的事,所以就赶回来了"②。无独有偶,2011 年 6 月,浏阳市北盛镇燕舞洲村村民朱国平与该村同在上海等地打工的 58 名村民特意坐飞机赶回,参加村上换届选举。他说:"票小重千斤,它让咱农民工有了话语权、选举权!""希望投上神圣的一票,与大家一起将村里的能人选出来,带领村民进一步致富。"据介绍,那次浏阳市开展的村级换届选举中,在外地打工的农民、党员自掏腰包坐飞机回乡选举的有 2000 多名。③这样的例子还有很多,比如,2016 年 11 月 22 日,浙江海虹印染有限公司党支部书记肖彦明从广州乘飞机回绍兴,参加公司的党代表选举,带领全体党员重温入党宣誓。肖彦明说:"每届的选举非常不容易,而且马鞍镇党委这么重视海虹党支部,不去参加于情于理说不过

① 中共中央党史研究室:《中国共产党的九十年》(新民主主义革命时期),中共党史出版社、党建读物出版社 2016 年版,第 329 页。

② 官莉、薛玲:《党员打"飞的"回乡投票》,《成都晚报》2004 年 9 月 9 日。

③ 参见徐松竹、李伟:《农民坐飞机回乡选举》,《乡镇论坛》2011 年第 28 期。

去。"① 为了亲手票选当家人，有的党员甚至"打飞的"从大洋彼岸赶回社区投票。"我时差还没来得及倒就赶过来投票了，选出党组织的当家人是头等大事！"韶山路社区党员阎子立前段时间在美国探望女儿，得知社区将进行党组织换届选举，他买了机票，从美国专程赶回参加社区党员大会投票。②

　　无论是革命、建设还是改革时期，坚持人民当家作主，发展人民民主，密切联系群众，紧紧依靠人民推动国家发展，这是我国国家制度和国家治理体系的一大显著优势。所以，习近平总书记始终强调在政治体制改革中，最为重要的是在坚持"一切权力属于人民"的宪法理念基础上，保证人民选举权、知情权、监督权、表达权等各项民主权利真正落到实处，使人民民主实至名归。我们的民主进化成就也赢得了一些西方学者的关注和肯定。美国学者约翰·奈斯比特（John Naisbitt）在他的全球畅销书《中国大趋势》中称赞道，几十年来，"中国没有以民主的名义使自己陷入政党争斗的局面，在未来几十年中，中国不仅将改变全球经济，而且也将以其自身模式来挑战西方民主政治"③。中国模式的成功，证明了我们的民主制度受住了考验，赢得了认可。曾提出"历史终结论"的美国学者弗朗西斯·福山（Francis Fukuyama）也不得不主动修正自己的看法，"'中国模式'的有效性证明，西方自由民主并非人类历史进化的终点。人类思想宝库要为中国传统留有一席之地"④。所以说，在中国政治发展进程中，党领导人民创造了中国式的政治文明，形成了人民当家作主的制度体系。这个体系既有科

---

　　① 《柯桥企业家乘飞机当天往返只为参加公司党代表选举》，《浙江日报》2016 年11 月 23 日。

　　② 参见《"打飞的"赶回票选当家人》，《长沙晚报》2017 年 4 月 17 日。

　　③ 转引自刘靖北：《走出一条民族复兴的正确道路》，《求是》2014 年第 13 期。

　　④ 《十八大以来重要文献选编》（上），中央文献出版社 2014 年版，第 111 页。

学的指导思想，又有严谨的制度安排；既有明确的价值取向，又有有效的实现形式和可靠的推动力量，集中体现了中国特色社会主义的特点和优势。

三、不断完善的人民当家作主制度体系为国家治理汇聚智慧力量、提供强大支撑

制度稳则国家稳，制度强则国家强。人民当家作主的制度体系是马克思主义基本原理同中国具体实际相结合的科学制度，是与时俱进、不断完善、日益成熟的科学制度，显示出强大治理效能，为推动国家发展、改善人民生活、保持社会稳定发挥了巨大作用。

2019年11月2日，习近平总书记在上海市长宁区虹桥街道古北市民中心考察时强调，"我们走的是一条中国特色社会主义政治发展道路，人民民主是一种全过程的民主，所有的重大立法决策都是依照程序、经过民主酝酿，通过科学决策、民主决策产生的"①。2021年7月，在庆祝中国共产党成立100周年大会上，习近平总书记再次强调发展全过程人民民主。2021年10月，在中央人大工作会议上，习近平总书记对全过程人民民主进行了深刻阐释："不仅有完整的制度程序，而且有完整的参与实践。我国全过程人民民主实现了过程民主和成果民主、程序民主和实质民主、直接民主和间接民主、人民民主和国家意志相统一，是全链条、全方位、全覆盖的民主，是最广泛、最真实、最管用的社会主义民主。"②2021年11月，这个重大命题写进了党的十九届六中全会通过

---

① 习近平：《论坚持人民当家作主》，中央文献出版社2021年版，第303页。
② 习近平：《论坚持人民当家作主》，中央文献出版社2021年版，第336页。

的《中共中央关于党的百年奋斗重大成就和历史经验的决议》当中，强调"必须坚持党的领导、人民当家作主、依法治国有机统一，积极发展全过程人民民主，健全全面、广泛、有机衔接的人民当家作主制度体系"①，成为我们在新的历史条件下进一步推进政治建设、发展社会主义民主的重要思想指导。

　　全过程人民民主体现了国家一切权力属于人民的宪法原则。人民在广泛参与中充分表达意见，让国家各项制度从设计到运行都能符合最广大人民的期待，维护最广大人民的利益。以上海虹桥街道基层立法

2022年3月2日，上海虹桥街道基层立法联系点召开《中华人民共和国体育法（修订草案）》意见征询座谈会。

———————

　　① 《中共中央关于党的百年奋斗重大成就和历史经验的决议》，人民出版社2021年版，第39页。

联系点为例，数据显示，"截至 2019 年 9 月，共听取 30 部法律的意见，1800 余人次参与，25 条建议被采纳"①。百姓的意见建议被充分浸润于法律的章节条款之中，真正实现了"把百姓放在心上，把民意装进法里"。近年来，全国人大常委会法工委在全国建立了 10 个基层立法联系点，有乡镇一级、县区一级，也有设区的市一级，这些基层立法联系点被称为"立法直通车"。基层立法联系点已经成为"全过程人民民主"重要理念的生动体现和实践载体。通过全过程人民民主，把党的主张和人民的意愿统一起来，保证了我国发展始终为了人民、依靠人民，发展成果由人民共享。2020 年 10 月 29 日，党的十九届五中全会通过《中共中央关于制定国民经济和社会发展第十四个五年规划和二〇三五年远景目标的建议》。这次建议稿起草的一个重要特点是坚持发扬民主、开门问策、集思广益。"十四五"规划编制工作开展网上征求意见期间，广大人民群众踊跃参与，留言 100 多万条，有关方面从中整理出 1000 余条建议。一名网友提出的"互助性养老"建议，就被写入了全会文件。这种有着中国特色的基层民主方式，正是通过协商达成共识的过程。中国在关乎民生的重大决策过程中，充分听取民意，以民意为决策基础。

2021 年 10 月 13 日至 14 日，习近平总书记在中央人大工作会议上发表重要讲话时强调："民主不是装饰品，不是用来做摆设的，而是要用来解决人民需要解决的问题的。一个国家民主不民主，关键在于是不是真正做到了人民当家作主，要看人民有没有投票权，更要看人民有没有广泛参与权；要看人民在选举过程中得到了什么口头许诺，更要看选举后这些承诺实现了多少；要看制度和法律规定了什么样的政治程序和政治规则，更要看这些制度和法律是不是真正得到了执行；要看权力运

---

① 张维炜：《"全过程民主"的生动典范》，《中国人大》2019 年第 24 期。

行规则和程序是否民主，更要看权力是否真正受到人民监督和制约。"①
我国的全过程人民民主赢得了很多国际友人的称赞。乌克兰《每周镜
报》政治评论员阿列克谢·科瓦利表示，中国没有照搬西方民主模式，
而是不断改进中国特色社会主义民主，其目的是寻求和建立最广泛共
识，其方法是充分考虑民意和吸收专业建议，范围涵盖选举、立法、决
策、管理、监督等全过程。德国柏林普鲁士协会名誉主席福尔克尔·恰
普克在过去几年时间里，以国际选举观察员身份出访多国。他表示，以
其亲身经历而言，中国全过程民主无疑是成功的。"中国特色社会主义
民主，帮助中国共产党和中国政府有序治理着这个庞大的国家，中国在
诸如脱贫攻坚和发展高新技术在内的多个领域，都取得了举世瞩目的进
步和成就。这些都是需要全中国上下一心共同努力才可能实现的。"②

　　我国全过程人民民主坚持民主集中制原则，把政治与行政、民主与
集中、民主与效率、民主与法治、效率与公平公正有机统一起来，确保
党领导人民依法有效治理国家。"集中力量办大事"是我国社会主义民
主管用有效的集中体现。大兴国际机场被西方誉为"新世界七大奇迹"
之一，我们用了五年时间就建成了。很多外国网友看了之后，震撼之
余，羡慕不已。大兴国际机场可以说是展示中国速度和中国效率的一个
窗口。

　　纵观新中国成立以来的历史进程，正是依靠集中力量办大事，我国
才能在重大战略任务、重大工程建设、重大科技攻关、区域协调发展、
抢险救灾、对外援助等方面攻克一个又一个急难险重的重大关口，创造
一个又一个社会主义的发展奇迹。无论是打赢脱贫攻坚战这样连续多年
的接续奋斗，还是建造火神山、雷神山医院这样短短十多天的突击战

---

① 习近平：《论坚持人民当家作主》，中央文献出版社 2021 年版，第 335—336 页。
② 《全过程民主，支持和保证人民当家作主》，《人民日报》2021 年 7 月 6 日。

北京大兴国际机场（Beijing Daxing International Airport），是建设在北京市大兴区与河北省廊坊市广阳区之间的超大型国际航空综合交通枢纽。

斗；无论是建设港珠澳大桥、"嫦娥"探月这样的世纪工程，还是"北斗""天宫""天眼"这样的国之重器，无不彰显社会主义制度集中力量办大事的巨大优越性。相比之下，西方和移植西方民主体制的地区，他们的效率就落后多了。美国的一条州际公路从 1956 年开始修，直到 2018 年才全部完工，用了 61 年时间。① 他们的民主政治越来越陷入美国学者弗朗西斯·福山所说的"否决政治"的陷阱，就是不管是什么议题，政党之间第一反应就是互相否决。

① 参见《美 91 号公路历时 61 年终联通美媒：政府对基础设施支持减少》，《参考消息》2018 年 8 月 24 日。

　　总之，人民当家作主制度体系的健全与完善，能够有效保证人民享有更加广泛、更加充实的权利和自由，保证人民广泛参加国家治理和社会治理；能够有效调节国家政治关系，发展充满活力的政党关系、民族关系、宗教关系、阶层关系、海内外同胞关系，增强民族凝聚力，形成安定团结的政治局面；能够集中力量办大事，有效促进社会生产力解放和发展，促进现代化建设各项事业，促进人民生活质量和水平不断提高；能够有效维护国家独立自主，有力维护国家主权、安全、发展利益，维护中国人民和中华民族的福祉，极大地推动社会主义民主政治的发展，推动了国家治理体系和治理能力现代化，为实现中华民族伟大复兴奠定了制度基础、提供了力量保证。

第五章 国家治理的一场深刻革命

——坚持和完善中国特色社会主义法治体系

2020 年 2 月 5 日，在新冠疫情防控关键时期，中央全面依法治国委员会第三次会议召开。在会上，习近平总书记这样强调："疫情防控越是到最吃劲的时候，越要坚持依法防控，在法治轨道上统筹推进各项防控工作，保障疫情防控工作顺利开展。"① 新冠疫情是百年来全球发生的最严重的公共卫生事件，在抗击新冠疫情的同时，还要保证经济增长和社会安全稳定，这是对国家治理体系和治理能力的一次大考。我国社会主义法治凝聚着我们党治国理政的理论成果和实践经验，是国家治理体系和治理能力的重要依托。

一、全面依法治国是国家治理的一场深刻革命

"法律是什么？最形象的说法就是准绳。用法律的准绳去衡量、规

---

① 《习近平主持召开中央全面依法治国委员会第三次会议强调　全面提高依法防控依法治理能力　为疫情防控提供有力法治保障》，《人民日报》2020 年 2 月 6 日。

范、引导社会生活，这就是法治。"① 中国古代典籍中，记载战国时期黄老道家思想的《黄帝四经·经法·道法》中有"道生法"，意思是说"法"是遵循事物自身所具有的规律性演化出的法则、规范。汉代的《说文解字》解释繁体的"灋"字，为"平之如水，从水；廌，所以触不直者，去之，从去"②，强调的是法则和规范具有公平、公正的属性。"律"这个字最早用来描述天象和音乐，分别称为"律历"和"律吕"。在《尚书》中多次提到"同律度量衡"，"律"从对天象和音乐的观察模仿而有"计算"之义，并在此基础上发展为规范、原理和秩序。中国传统文化中的"法律"，强调的是尊重自然和社会发展规律，"以人为本"，遵循天时发展社会生产、进行社会教化规范人们的行为。

法律是治国之重器。现代社会中，法治通过统筹社会力量、平衡社会利益、调节社会关系、规范社会行为，能够更好地发挥引领、规范、保障作用，使得国家和社会在深刻变革中既生机勃勃又井然有序。2014年，党的十八届四中全会通过《中共中央关于全面推进依法治国若干重大问题的决定》，这是中国共产党的历史上第一次专题研究、专门部署全面依法治国的中央全会，全会以前所未有的决心、举措和力度推进全面依法治国和法治中国建设。

全面依法治国是深刻总结社会主义法治建设成功经验和深刻教训作出的重大抉择，是顺利迈入现代化门槛的国家治理的一场深刻革命。"现代化"通常是指从传统社会向现代社会转变的历史过程与结果状态。在很长一段时间，"现代化"主要是指农业、工业、国防、科技等物质层面的现代化。党的十八大以来，中共中央将国家治理体系和治理能力现

---

① 中共中央文献研究室编：《习近平关于全面依法治国论述摘编》，中央文献出版社 2015 年版，第 9 页。

② （汉）许慎撰，（清）段玉裁注：《说文解字注》，浙江古籍出版社 1998 年版，第 182 页。

代化也纳入现代化的范畴。全面依法治国正是为了避免国家在快速发展过程陷入这样或那样的"陷阱"，必须把权力关进制度的笼子里，摒弃"人治"、高度重视"法治"，"通过宪法法律确认和巩固国家根本制度、基本制度、重要制度，并运用国家强制力保证实施，保障了国家治理体系的系统性、规范性、协调性、稳定性"①。

2014 年 11 月 1 日，第十二届全国人民代表大会常务委员会第十一次会议决定将每年 12 月 4 日设立为国家宪法日。选择这一日期，是因为在 1982 年 12 月 4 日，第五届全国人民代表大会第五次会议通过了现行宪法。宪法是国家的根本法，是治国安邦的总章程，具有最高的法律地位、法律权威、法律效力。宪法将国家、社会与个体紧密连接在一起，是维系一个国家、一个民族凝聚力的根本纽带。从 1949 年起，社会主义中国先后制定了起临时宪法作用的《共同纲领》、1954 年宪法、1975 年宪法、1978 年宪法、1982 年宪法，及几个宪法修正案。现行宪法明确了中国新民主主义革命的胜利和社会主义事业的成就，是中国共产党领导中国各族人民，在马克思列宁主义、毛泽东思想的指引下，坚持真理，修正错误，战胜许多艰难险阻而取得的，中国共产党领导是中国特色社会主义最本质的特征。宪法规定了人民民主专政的国体；规定了中华人民共和国的一切权力属于人民，人民行使国家权力的机关是全国人民代表大会和地方各级人民代表大会；规定了社会主义经济制度；规定了十分广泛而充分的公民权利和自由；规定了国家机构的设置及其权责；等等。

宪法的制定修订同中国共产党和人民进行的艰苦奋斗和创造的辉煌成就紧密相连，也同中国共产党和人民在法治道路上的勇敢探索、积累的宝贵经验紧密相连。制定 1954 年宪法时，宪法草案初稿先是在中国

---

① 习近平：《论坚持全面依法治国》，中央文献出版社 2020 年版，第 272 页。

共产党党内形成，后又召开中华人民共和国宪法起草委员会共计七次全体会议，充分听取来自各方面的意见和建议。1954 年 6 月 14 日，中央人民政府委员会公布宪法草案，征求全国人民的意见，后再由参加第一届全国人民代表大会第一次会议的 1000 多名代表审议通过。在 1954 年宪法制定过程中，参加宪法草案讨论的全国人民有 1.5 亿多人，许多地区参加学习和讨论宪法草案的人数，达到了当地成年人口的 70%，有些城市和个别专区达到了 90%。从 6 月 15 日至 9 月 10 日，历时 3 个月的讨论中，全国人民对宪法草案修改和补充的意见，经整理后共计 118 万多条。这些意见从全国各地送达北京之后，由宪法起草委员会办公室归纳分类，刊印成《全民讨论意见汇编》共 16 册。①"在我国，法是党的主张和人民意愿的统一体现，党领导人民制定宪法法律，党领导人民实施宪法法律，党自身必须在宪法法律范围内活动，这就是党的领导力量的体现。"②

党的领导、人民当家作主、依法治国是有机统一的。2015 年 7 月 1 日，第十二届全国人民代表大会常务委员会第十五次会议通过《全国人民代表大会常务委员会关于实行宪法宣誓制度的决定》，要求"各级人民代表大会及县级以上各级人民代表大会常务委员会选举或者决定任命的国家工作人员，以及各级人民政府、人民法院、人民检察院任命的国家工作人员，在就职时应当公开进行宪法宣誓"。宣誓誓词为："我宣誓：忠于中华人民共和国宪法，维护宪法权威，履行法定职责，忠于祖国、忠于人民，恪尽职守、廉洁奉公，接受人民监督，为建设富强、民主、文明、和谐的社会主义国家努力奋斗！"宪法宣誓提示宣誓人作为

---

① 参见许崇德：《中华人民共和国宪法史》，福建人民出版社 2003 年版，第 233—235 页。

② 中共中央文献研究室编：《习近平关于全面依法治国论述摘编》，中央文献出版社 2015 年版，第 36 页。

国家工作人员行使法定权力、履行法定职责时，应当时刻铭记"我是谁""为了谁""依靠谁"。

人民的福祉是最高的法律。2017 年 11 月 21 日，中央电视台《中国新闻》栏目报道了"祁连山系列环境污染案"，也就是在祁连山国家级自然保护区内，因为违规审批、未批先建，导致局部生态环境遭到严重破坏的系列案件。针对系列案件，最高人民检察院开展专项立案监督，现场督办祁连山破坏环境资源案。为服务生态文明建设，2020 年最高人民法院践行绿水青山就是金山银山理念，审结一审环境资源案件 25.3 万件，审结环境公益诉讼案件 3557 件。①

西北生态屏障祁连山："史上最严"问责风暴带来"绿色革命"。

---

① 参见《最高人民法院工作报告（摘要）》，《人民日报》2021 年 3 月 9 日。

　　近年来，中国特色社会主义法治始终遵循坚持以人民为中心的发展思想，为坚持走创新、协调、绿色、开放、共享的高质量发展之路助力护航。其中，具有标志性意义的就是 2020 年颁布了《中华人民共和国民法典》。民法典作为新中国第一部以"典"命名的法律，是社会生活的百科全书，是市场经济的基本法，是民事权利保护的宣言书。编纂民法典是党的十八届四中全会确定的一项重大政治任务和立法任务，是以习近平同志为核心的党中央作出的重大法治建设部署。民法典的编纂以宪法为根据，坚持民主立法，充分听取人大代表、基层立法联系点、中央有关部门的意见建议，并先后 10 次在中国人大网公布征求社会公众意见，累计收到 42.5 万人提出的 102 万条意见和建议，其中很多意见建议被吸收采纳。民法典围绕民事权利的确认和保护，通过维护人格尊严、人身安全、财产安全，保障安居乐业、维护生态环境等，充分保障人民群众美好幸福生活。民法典在确认和保护公民各项民事权利的同时，也为行政执法、司法权力的行使划定了边界，是依法行政和法院裁判民事案件的基本遵循。[①]

二、建设中国特色社会主义法治体系是全面依法治国的总目标和总抓手

　　全面依法治国必须有一个总揽全局、牵引各方的总目标、总抓手，这就是建设中国特色社会主义法治体系。"中国特色社会主义法治体系是中国特色社会主义制度的法律表现形式，是国家治理体系的骨干工程。建设中国特色社会主义法治体系，就是要在党的领导下，坚持中国

---

① 参见王利明：《民法典的时代意义》，《人民检察》2020 年第 15 期。

特色社会主义制度，贯彻中国特色社会主义法治理论，加快形成完备的法律规范体系、高效的法治实施体系、严密的法治监督体系、有力的法治保障体系，形成完善的党内法规体系。"①"建设中国特色社会主义法治体系"是在中国特色社会主义法律体系形成以后，与建设社会主义法治国家相辅相成的、符合中国实际、具有中国特色的原创性时代性命题。

第一，形成完备的法律规范体系。2011 年 3 月 10 日，时任全国人大常委会委员长吴邦国在第十一届全国人民代表大会第四次会议上郑重宣布，中国特色社会主义法律体系形成，国家经济建设、政治建设、文化建设、社会建设以及生态文明建设的各个方面实现有法可依。② 截至 2021 年 8 月底，现行有效法律 286 件、行政法规 613 件，地方性法规 1.2 万余件。③

实践是法律的基础，中国特色社会主义法律体系是动态的、开放的、发展的，必然随着社会主义实践的发展而发展。近年来，立法工作适应新发展阶段、贯彻新发展理念、构建新发展格局，将"富强、民主、文明、和谐，自由、平等、公正、法治，爱国、敬业、诚信、友善"的社会主义核心价值观融入法规制度建设，大力推进加强重点领域立法、新兴领域立法、涉外领域立法，健全国家治理急需的法律制度、满足人民日益增长的美好生活需要必备的法律制度。

为抗击新冠疫情，2020 年以来，各级立法机关积极完善疫情防控相关立法，加强配套法规制度建设。按照立法规划计划，全国人大将陆

---

① 《习近平法治思想概论》编写组：《习近平法治思想概论》，高等教育出版社 2021 年版，第 157 页。

② 参见《十七大以来重要文献选编》(下)，中央文献出版社 2013 年版，第 297—298 页。

③ 参见《习近平法治思想概论》编写组：《习近平法治思想概论》，高等教育出版社 2021 年版，第 159—160 页。

续完成修订动物防疫法、修改野生动物保护法、执业医师法、传染病防治法等各项任务。2021 年 4 月 15 日，新制定的《中华人民共和国生物安全法》正式施行，该法结合新冠疫情防控经验，设立了"防控重大新发突发传染病、动植物疫情"专章，防范和应对生物安全风险，保障人民生命健康。

权力清单，给规范用权开的清单

中共中央办公厅、国务院办公厅近日印发《关于推行地方各级政府工作部门权力清单制度的指导意见》

【为何要搞权力清单？】

推行地方各级政府工作部门权力清单制度，是党中央、国务院部署的重要改革任务，是国家治理体系和治理能力现代化建设的重要举措，对于深化行政体制改革，建设法治政府、创新政府、廉洁政府具有重要意义。

【权力清单有啥用？】

将地方各级政府工作部门行使的各项行政职权及其依据、行使主体、运行流程、对应的责任等，以清单形式明确列示出来，向社会公布，接受社会监督。

【权力清单约束谁？】

重点 地方各级政府工作部门

还有 依法承担行政职能的事业单位、垂直管理部门设在地方的具有行政职权的机构等

【有无落地时间表？】

省级政府	市县两级政府
2015 年年底前	2016 年年底前

基本完成权力清单的公布工作

【清单制度怎么做？】

1 梳理现有职权

地方各级政府将梳理形成"行政职权目录"。

可以包含：

行政许可 行政处罚 行政强制
行政征收 行政给付 ……

2 清理调整职权

原则：职权法定。

取消——
没有法定依据的行政职权。确有必要保留的，按程序办理。

取消或调整——
虽有法定依据但不符合全面深化改革要求和经济社会发展需要的；法定依据相互冲突矛盾的；调整对象消失、多年不发生管理行为的行政职权。

下放——
可下放给下级政府和部门的职权事项。
行政职权取消下放后，将加强事中事后监管。

3 依法审核确认 **4** 优化权力运行流程

5 公布权力清单 **6** 建立动态管理机制

7 建立责任清单 **8** 强化监督问责

新华社发（程硕、大巢图）

权力清单，给规范用权开的清单。

在维护国家安全方面，全国人民代表大会及其常委会先后制定出台国家安全法、网络安全法、反恐怖主义法、数据安全法、个人信息保护法等。在科技创新方面，先后修改了科技成果转化法、著作权法，今后还要不断推进与数字经济、互联网金融、人工智能、大数据、云计算等新技术新应用相适应的法律制度。在生态文明建设方面，为打赢蓝天、碧水、净土保卫战，污染防治攻坚战，先后制定修订了环境保护法、大气污染防治法、水污染防治法、长江保护法等一批相关法律，并将力求通过法典化实现生态环境立法更高层次的体系化、系统化。在涉外法治方面，为适应国际交往日益频繁、经济联系日益密切，先后制定了外商投资法、国际刑事司法协助法、反外国制裁法等，统筹国内国际两个大局、统筹国内法治和涉外法治。

第二，形成高效的法治实施体系。法律的生命在于实施，法律的权威也在于实施。高效的法治实施体系包括以下三个方面：一是严格依法行政，建设法治政府。政府是法律实施的重要责任主体，80%以上的法律法规主要由行政机关负责实施。2015年8月，云南省腾冲市委编制办公室的工作人员把上千部法律法规、18个乡镇的相关资料集中统一进行审核，12月，依据审核结果，腾冲市政府的权力清单和责任清单全面向社会公开，接受社会监督。权责清单明晰和规范了权力运行过程，中国的各级政府工作部门将政府公权晒出、亮明家底，是落实职权法定，建设法治政府、责任政府、廉洁政府的重要举措。各级行政机关通过建立重大决策合法性审查机制，推行政府法律顾问制度，强调机构、职能、权限、程序、责任法定化，落实严格规范公正文明执法。

二是公正司法，努力让人民群众在每一个司法案件中都能感受到公平正义。中国古代神话中有独角神兽"獬豸"能够辨是非曲直、公正不阿进行裁判断案的传说，獬豸被人们视为公正的象征，代表了人们对公平正义的向往。司法是维护社会公平正义的最后一道防线。

习近平总书记指出："要懂得'100 - 1 = 0'的道理，一个错案的负面影响足以摧毁九十九个公正裁判积累起来的良好形象。执法司法中万分之一的失误，对当事人就是百分之百的伤害。"[1] 为加快建设公正高效权威的社会主义司法体制，围绕确保依法独立公正行使审判权检察权、健全司法权力运行机制、完善人权司法保障制度三个方面，中国的司法改革正在大力推进。

　　三是增强全民法治观念，使尊法守法成为全体人民共同追求和自觉

　　在神话传说中，獬豸懂人言知人性，拥有与生俱来的辨别是非、公正不阿的本能，是勇猛、公正的代名词，是司法"正大光明""清平公正""光明天下"的象征。图为曲阜孔府内宅门北屏门獬豸图案。

　　①　中共中央文献研究室编：《习近平关于全面依法治国论述摘编》，中央文献出版社 2015 年版，第 96 页。

行动。法律要发挥作用，需要全社会信仰法律。中国古代治理国家的成文法典就有着深厚的道德伦理根基，理想状态的法律是"天理国法人情"的统一体，法律的制定和执行必须符合天道和人性，这样才能"经国家、定社稷、序民人、利后嗣"，形成良好的政治社会秩序。

在现代社会，法律既是公民保障自身权利的有力武器，也是必须遵守的行为规范。中国特色社会主义法治传承中华法律文化的精华，坚持依法治国和以德治国相结合，既重视发挥法律的规范作用，又重视发挥道德的教化作用，以法治体现道德理念，以道德滋养法治精神，通过健全完善守法诚信褒奖机制和违法失信行为惩戒机制，在全社会形成守法光荣、违法可耻的氛围，使大家都成为法治的忠实崇尚者、自觉遵守者、坚定捍卫者。

第三，形成严密的法治监督体系。"公权力姓公，也必须为公。只要公权力存在，就必须有制约和监督。"①具有中国特色的严密的法治监督体系是对法治工作的全面监督，是中国共产党在长期执政条件下实现自我净化、自我完善、自我革新、自我提高的重要内容。法治监督的思想源远流长，《左传》中有"贪以败官为墨"的记载，"贪墨"之罪就是用来惩罚贪污的官员。战国时期就已经设立有"御史"这个官职以法纠察官吏，秦汉以后便逐渐形成了丰富的监察思想，建立了较为完备的"治吏"的监察制度。党的十八大以来，中国共产党加强对法治监督工作的集中统一领导，抓紧完善权力运行制约和监督机制，对立法权、执法权、司法权、监督权的行使进行全面监督。2018 年 3 月 20 日，《中华人民共和国监察法》由第十三届全国人民代表大会第一次会议审议通过。监察法的颁布实施，坚持党内监督与国家监察有机统一，对党的机关、人大机关、行政机关、政协机关、监察机关、审判机关、检察机关

---

① 习近平：《论坚持人民当家作主》，中央文献出版社 2021 年版，第 249 页。

等所有行使公权力的公职人员进行监察，调查职务违法和职务犯罪，开展廉政建设和反腐败工作，维护宪法和法律的尊严。阳光是最好的防腐剂。全面推进立法公开、政务公开，推进完善审判流程公开、庭审活动公开、裁判文书公开、执行信息公开四大司法公开平台，以公开为常态、不公开为例外，严密的法治监督体系的形成有着较为完备的体制机制保障。

第四，形成有力的法治保障体系。法治保障体系包括政治保障、组织保障、队伍保障、人才保障、科技保障、物力保障等，它在中国特色社会主义法治体系中具有基础性地位，为全面依法治国提供重要支撑。中国共产党领导是中国特色社会主义最本质的特征，是社会主义法治最根本的保证，党对政法工作的领导是管方向、管政策、管原则、管干部；各级党委（党组）和领导干部必须支持立法、执法、司法机关开展工作，支持司法机关依法独立公正行使职权。2015 年 2 月 27 日，中央全面深化改革领导小组第十次会议审议通过了《关于领导干部干预司法活动、插手具体案件处理的记录、通报和责任追究规定》。之后，中央政法委多次公开通报领导干部干预司法活动、插手具体案件处理和司法机关内部人员过问案件的典型案件。

在队伍和人才保障方面，2012 年起，中共中央政法委员会、中华人民共和国教育部联合实施"卓越法律人才教育培养计划"。2018 年 9 月，《教育部　中央政法委关于坚持德法兼修实施卓越法治人才教育培养计划 2.0 的意见》出台，各大高校和政法部门加强政策经费保障，共建教学实践基地和人才教育培养基地，开启"校内 + 校外""国内 + 国外"等联合培养人才模式。

适应信息化发展趋势，推进法治中国建设的数据化、网络化、智能化，全面建设"智慧法治"。疫情期间，我国智慧法院建设的成果充分显现，无接触式诉讼服务广泛应用，当事人足不出户就能参加诉讼，实现"审判执行不停摆、公平正义不止步",中国正通过构建互联网司法新模式,为全球互联网法治发展积极贡献中国方案。

第五,形成完善的党内法规体系。治国必先治党,治党务必从严,从严必依法度。这个"法度",主要就是以党内法规为脊梁的党的制度。1921 年 7 月,中国共产党建党伊始,党的一大通过中国共产党第一个纲领,这是党的历史上第一部党内法规,具有党章性质;1922 年 7 月,党的二大通过《中国共产党章程》,中国共产党党自此有了自己的根本大法。2014 年 3 月 18 日,习近平总书记在河南省兰考县委常委扩大会议上讲到了兰考县委书记焦裕禄亲自起草《干部十不准》,对干部廉洁自律作出具体规定的事。他说:"昨天,在焦裕禄同志纪念馆的《干部十不准》展板前,我又仔细看一下,觉得他是真正抓规矩,非常有针对性。所以,我们的规定不要搞得花花绿绿的,措辞很漂亮,但内容空洞。"①

党的十八大以来,中共中央以"八项规定"为突破口,建章立制,全面从严治党,加速构建以党章为根本,以民主集中制为核心,以准则、条例等中央党内法规为主干,包含党的组织法规、党的领导法规、党的自身建设法规、党的监督保障法规四大板块的、各领域各层级的党内法规制度,努力形成党内法规和国家法律相辅相成、相互促进、相互保障的格局。2021 年 7 月 1 日,习近平总书记在庆祝中国共产党成立 100 周年大会上宣布,比较完善的党内法规体系已经形成。党内法规制度建设的重大成果是中国共产党 100 年来持续推进建章立制特别是党的十八大以来全面深化党的建设制度改革的结果。②

---

① 习近平:《做焦裕禄式的县委书记》,中央文献出版社 2015 年版,第 41 页。
② 参见中共中央办公厅法规局:《中国共产党党内法规体系(二〇二一年七月)》,《人民日报》2021 年 8 月 4 日。

三、坚持和完善中国特色社会主义法治体系，实现国家治理体系和治理能力现代化

法治是人类文明进步的重要标志，是治国理政的基本方式，是中国共产党和中国人民的不懈追求。2021 年 1 月，中共中央印发了《法治中国建设规划（2020—2025 年）》，大力推进落实法治中国建设，《规划》还擘画了到 2035 年，法治国家、法治政府、法治社会基本建成，中国特色社会主义法治体系基本形成，人民平等参与、平等发展权利得到充分保障，国家治理体系和治理能力现代化基本实现。

国家治理体系和治理能力是一个国家制度和制度执行能力的集中体现。坚持和完善中国特色社会主义法治体系，是提高中国共产党依法治国、依法执政能力，实现国家治理体系和治理能力现代化的重要依托。"从已经实现现代化国家的发展历程看，像英国、美国、法国等西方国家，呈现出来的主要是自下而上社会演进模式，即适应市场经济和现代化发展需要，经过一二百年乃至二三百年内生演化，逐步实现法治化，政府对法治的推动作用相对较小。像新加坡、韩国、日本等，呈现出来的主要是政府自上而下在几十年时间快速推动法治化，政府对法治的推动作用很大。就我国而言，我们要在短短几十年时间内在十三亿多人口的大国实现社会主义现代化，就必须自上而下、自下而上双向互动地推进法治化。"[①]

坚持和完善中国特色社会主义法治体系，把中国共产党的领导贯彻到全面依法治国全过程和各方面，自上而下推动法治化进程。2018 年 3 月，中共中央印发了《深化党和国家机构改革方案》，提出组建中央

[①]　习近平：《论坚持全面依法治国》，中央文献出版社 2020 年版，第 135—136 页。

全面依法治国委员会，作为党中央决策议事协调机构，负责全面依法治国的顶层设计、总体布局、统筹协调、整体推进、督促落实。2018 年 8 月，中央全面依法治国委员会正式组建，习近平总书记亲自担任委员会主任。2020 年 11 月，中共中央第一次召开中央全面依法治国工作会议，会议明确了习近平法治思想在全面依法治国中的指导地位，这在中国特色社会主义法治建设进程中具有重大政治意义、理论意义、实践意义。2021 年 10 月，中共中央人大工作会议召开，这在中国共产党的历史上也是第一次。会议对坚持和完善人民代表大会制度、不断发展全过程人民民主、深入推进全面依法治国作出重大部署，强调要全面贯彻实施宪法、维护宪法权威和尊严，加快完善中国特色社会主义法律体系，以良法促进发展、保障善治等。①

坚持和完善中国特色社会主义法治体系，必须坚持以人民为中心，保证人民当家作主的主体地位。1945 年 7 月 4 日，著名爱国民主人士黄炎培从重庆到达延安，非常诚恳地向毛泽东提出了中国历代封建王朝"其兴也浡焉，其亡也忽焉"这一历史周期率难题，毛泽东信心百倍地答道："我们已经找到新路，我们能跳出这周期率。这条新路，就是民主。只有让人民来监督政府，政府才不敢松懈。只有人人起来负责，才不会人亡政息。"②民主是全人类的共同价值，是中国共产党和中国人民始终不渝坚持的重要理念。我国的民主制度包括人民代表大会制度、政治协商制度、民族区域自治制度、基层群众自治制度，由宪法确认并加以保障；我国的民主是全过程人民民主，不仅有完整的制度程序，而且有完整的参与实践。

电视片《法治中国》中介绍了这样一个真实的案例：2015 年 10 月

----

① 参见王晨：《坚持全面依法治国法治中国建设迈出坚实步伐》，《人民日报》2021 年 11 月 23 日。

② 黄炎培：《八十年来》，北京文史资料出版社 1982 年版，第 149 页。

10 日上午，家住杭州的潘洪斌骑着一辆外地牌照的电动自行车，途经杭州环城北路与莫干山路口时，被执勤的交警拦了下来。依据《杭州市道路交通安全管理条例》的规定，交警要查扣他的电动车并托运回原籍。潘洪斌回去查阅了相关的规定，包括《行政强制法》以及《道路交通安全法》，都没有发现非机动车在此类情况之下，可以被扣留以及被强制托运回原籍。2016 年 4 月，潘洪斌致信全国人大常委会法工委，建议对《杭州市道路交通安全管理条例》进行审查，请求撤销该条例中违反《行政强制法》设立的行政强制措施。全国人大常委会法制工作委员会法规备案审查室主任梁鹰说："我们收到这个建议以后，高度重视、登记，及时地与浙江省人大常委会，与杭州市人大常委会进行沟通，了解制定的情况。备案审查的实质，说到底，就是确保各项规范性文件与宪法法律保持一致。"潘洪斌的来信，启动了规范性文件备案审查机制。杭州市人大常委会和有关部门着手研究条例修改方案，决定将条例的修改列入 2017 年立法计划，同时委托专家学者对本届人大任期内制定的全部地方性法规的合法性问题进行全面研究。规范性文件备案审查制度，是对立法权进行监督的制度，它为普通百姓架起了一道通向宪法法律保护的桥梁，畅通了撤销和纠正违宪违法规范性文件的渠道，保障公民合法权益。《全国人大常委会法工委关于 2020 年备案审查工作情况的报告》中提到，2020 年全国人大法工委共收到公民、组织提出的审查建议 5146 件，他们对审查建议逐一进行了研究，提出处理意见，并向审查建议人作了反馈。

坚持和完善中国特色社会主义法治体系是一个系统工程，在这个系统工程中，人民是依法治国的主体和力量源泉。法治建设为了人民、依靠人民、造福人民、保护人民，促进人的全面发展，努力让人民群众在每一项法律制度、每一个执法决定、每一宗司法案件中都感受到公平正义。潘洪斌的案例，充分说明了社会主义法治坚持依法保障人民权益，非因法定事由、非经法定程序不得限制、剥夺公民、法人和其他组织的财产和权利。正因如此,《法治中国建设规划(2020—2025 年)》强调,聚焦党中央关注、人民群众反映强烈的突出问题和法治建设薄弱环节,统筹考虑经济社会发展状况、人民群众需求变化等综合因素,坚持依法治国、依法执政、依法行政共同推进,坚持法治国家、法治政府、法治社会一体建设,坚持依法治国和以德治国相结合,坚持依法治国和依规治党有机统一,全面推进科学立法、严格执法、公正司法、全民守法。

第六章　建设人民满意的服务型政府

——坚持和完善中国特色社会主义行政体制

古往今来，政府在国家政治活动中扮演着极为重要的角色。各个国家都试图从自己的历史经验中探索和寻求"良政"或"良政善治"（英文为 good governance）的精髓要义，具有五千多年文明历史的中国则更是如此。中国人常讲的"以人为本""励精图治"，其实都是中国人理解的"良政"，其基本精神就是为了让老百姓过上好日子，要想尽一切办法，作出一切努力，把国家治理好。"民之所望，政之所向"，为了让政府更好承担重大职责，更好执行党和国家决策部署，党的十九届四中全会提出，"坚持并完善中国特色社会主义行政体制"，并明确要求，"必须坚持一切行政机关为人民服务、对人民负责、受人民监督，创新行政方式，提高行政效能，建设人民满意的服务型政府"。① 这一表述再次强调了中国政府治理体系构建中以人民为中心的价值取向的重要性，为新时代服务型政府建设提供了行动指南和基本遵循。

---

① 《十九大以来重要文献选编》（中），中央文献出版社 2021 年版，第 279 页。

一、建设人民满意的服务型政府，体现了我们党和各级政府的根本宗旨，是坚持和完善中国特色社会主义行政体制的永恒追求

"得民心者得天下，失民心者失天下。"在中国传统政治文化中，国家政权的合法性来源于"民心"。然而，"民心"不等同于"民意"。"民心"指的不是一时一刻的"民意"，而是指实现人民的整体长远利益。中国人讲"民意如流水"，讲"民心向背决定政权生死存亡"就是这个意思。这就使得绝大多数中国人很难接受西方一人一票的所谓"程序民主"，以及无论掌控权在不同政党之间怎样倒手，代表和维护的都是资产阶级利益的西方所谓"民主实质"。中国人更加执着于通过打造一个勤政敬德的政府来实现国家的良善治理。

新中国成立以后，服务型政府在中国更是一个具有特殊含义的表述。我国政府是中国共产党领导意志的执行者。中国共产党是马克思主义政党，为绝大多数人谋利益是其一以贯之的价值追求。因此，就政府本质而言，新中国的政府是人民政府，必须贯彻党"全心全意为人民服务"的根本宗旨，对人民负责、为人民服务，实现好、维护好、发展好最广大人民的根本利益，这就意味着政府就是服务，政府所做的任何事情从本质意义上讲就是为社会公众服务。[1]

新中国的人民政府从诞生之日起，就在党的领导下，把为人民服务、推动国家发展作为不懈追求和目标。新中国成立伊始，毛泽东就告诫全党："中国已归人民，一草一木都是人民的。"[2]1954年，新中国第

---

① 参见竺乾威：《服务型政府：从职能回归本质》，《行政论坛》2019 年第 5 期。

② 中共中央文献研究室编：《毛泽东年谱（一九四九——一九七六）》第一卷，中央文献出版社 2013 年版，第 27 页。

新中国自行制造的第一台国产蒸汽机车"八一号"（左）。

一部宪法第二十七条规定："一切国家机关和国家工作人员必须依靠人民的支持，经常保持同人民的密切联系，倾听人民的意见和建议，接受人民的监督，努力为人民服务。"面对部分党员骄傲情绪滋生，出现的官僚主义、享乐主义和腐败等问题，毛泽东指出，广大党员干部"要按照群众意见办事。无论什么办法，只有适合群众的要求，才行得通，否则终久是行不通的"①。当时，以毛泽东同志为核心的党中央从历史与现实的高度，通过加强人民群众的监督，开展整党整风、"三反"运动等，提高执政党的纯洁性和战斗力。

　　在独立自主地探索兴国、强国之路上，中国政府不仅积累了在

---

　　① 《毛泽东文集》第八卷，人民出版社 1999 年版，第 29 页。

社会生产力水平十分落后的东方大国如何进行社会主义建设的宝贵经验，而且满足了人民群众的切身物质利益，极大调动了工人阶级和农民阶级建设社会主义的积极性，取得了社会主义建设的伟大胜利。我们建立了独立的、比较完整的工业体系和国民经济体系。从"一五"计划开始到改革开放前，工农业总产值平均年增长率为8.2%，其中工业总产值平均年增长率为11.4%。人民物质生活和文化生活的水平也得到逐步提高。全国居民的人均消费水平，农民从1952年的62元增加到1976年的125元，城市居民同期从148元增加到340元。尽管在全国人民节衣缩食支援国家工业化基础建设的情况下，人民群众生活逐年改善的幅度不大，但初步满足了占世界1/4人口的基本生活需求，这在当时被世界公认是一个奇迹。教育事业得到长足发展，学龄儿童入学率超过90%。劳动者的整体素质得到了很大的提高。美国历史学家莫里斯·迈斯纳这样评价：毛泽东时代"是世界上最伟大的现代化时代之一，与德国、日本和俄国等几个现代工业舞台上的后起之秀的工业化最剧烈时期相比毫不逊色"，中国取得了"全世界所有发展中国家和主要发达国家在同一时期取得的最高增长率"[①]。

由此，在中国社会主义革命和建设实践中，以毛泽东同志为主要代表的中国共产党人和中央政府所确立和坚持的以人民利益为一切工作的根本出发点，以及全心全意为人民服务的根本宗旨，为构建中国行政体制价值体系打下了牢固的思想根基。

"明者因时而变，知者随事而制。"改革开放之后，中国的发展目标愈发体现人民的根本利益和长远利益，是凝聚人民意愿的国家战略意图。从"三个有利于"到"三个代表"重要思想，从"构建社会主义和

---

① 沙健孙：《毛泽东与新中国的经济建设》，《光明日报》2014年1月22日。

谐社会"到"以人民为中心"的发展思想，每一步都凸显了人民在服务型政府建设尤其是政府治理绩效评价中的主体地位，逐步确立了"人民满意"的政府治理创新评价标准，并在丰富密集的行政体制改革实践中，通过不断赋能、试错、迭代、总结、制度化，为建设人民满意的服务型政府积累了宝贵的经验。

2012 年，在十八届中共中央政治局常委同中外记者见面时，习近平总书记指出："我们的人民热爱生活，期盼有更好的教育、更稳定的工作、更满意的收入、更可靠的社会保障、更高水平的医疗卫生服务、更舒适的居住条件、更优美的环境，期盼着孩子们能成长得更好、工作得更好、生活得更好。人民对美好生活的向往，就是我们的奋斗目标。"[1] 这表明，不断提升民生方面的基本公共服务均等化水平、提高供给质量，是当今我国服务型政府的职责所在。党的十八大以来，以习近平同志为核心的党中央突出人民主体地位，以深化"放管服"改革为抓手持续推动政府职能转变，着眼于构建系统完备、科学规范、运行高效的职能体系，深化党和国家机构改革，推动人民满意的服务型政府建设迈出坚实步伐。

2021 年 5 月 13 日，习近平总书记在视察淅川县九重镇邹庄村时指出："我们共产党打江山、守江山，都是为了人民幸福，守的是人民的心。"[2] 习近平总书记关于"人民""江山"的重要论述，体现了中国共产党人的初心和使命，是对工人阶级政党执政要求的当代表达，是新时代建设人民满意的服务型政府方向和内容的精辟表述。

---

① 教育部课题组：《深入学习习近平关于教育的重要论述》，人民出版社 2019 年版，第 177 页。

② 本书编委会编：《历史是最好的教科书——党史学习边学边记》，人民出版社 2023 年版，第 154 页。

二、建设人民满意的服务型政府，是改革开放的必然逻辑，是深化我国行政体制改革的重要内容

按照马克思主义的观点，政府作为上层建筑的一部分，是由经济基础决定的。改革开放 40 多年来，我国经济社会制度发生了巨大变迁，人民政府根据不同时期的发展要求和特点，不断改革调整自己的职能定位和内部架构，使行政体制更好地适应经济社会发展，具有中国特色、与社会主义市场经济相匹配的行政管理体制逐步形成。

1988 年，在上海，中山东一路 33 号的 1 号楼是一栋百年历史的老

自国家移民管理局在全国实行"只跑一次"制度后，上海市公安局出入境管理局在此基础上进一步推出"减少申请人举证义务""增设自助照相设备""延伸绿色通道服务"等 5 项便民新举措，为群众提供更加精细化、人性化的办证服务体验。图为市民窦月雯在上海市公安局出入境管理局的网约专窗办理证件。

建筑，这儿曾因"一个图章"机构之称的上海市外国投资工作委员会（以下简称"外资委"）的落户而外商扎堆，门庭若市。外资委诞生前，改革开放大潮涌动，但恰是上海转型艰难、经济低迷之时。上海习惯了严丝合缝的计划经济模式，面临着从计划经济转向市场经济的不适应。与此同时，基础设施"欠账"严重，城市面貌破旧不堪，可一年只有十几亿元新增财政收入，很难改变上海的面貌。要加快发展，就要眼光向外，加快吸引外资。可那时的上海，没有专门的外资服务机构，审批手续烦琐。一个100多万美元的投资项目，要找四五个委办，盖上40多个图章，一些项目甚至要盖126个图章，耗时一两年。外商一圈跑下来精疲力尽，投资热情大大减退。如何改变上海的外商投资环境成为摆在时任上海市市长朱镕基面前的一道难题。上海需要速度，需要效率，需要雷厉风行。在中央和市委的支持下，朱镕基提出：政府应该为外商服务，要设立"一个图章"机构，把126个图章变成一个大图章，并且要求把最强的干部调到这个机构来，一下子搞上去，改变上海的形象，提升上海的信誉。① 经过一个多月的筹备，1988年6月10日，外资委正式成立。"微笑待人，和气生财；有问必答，有信必复；通力协作，高效服务"的24字外资委工作守则，朴实无华；"24小时待命"、外资委常务副主任的电话号码的公布等细节，更让外界感受到了上海主动服务、持续服务的浓浓诚意。外资委用全新理念、全新架构，搭建起外资进入上海的快车道。1988年，外资委批准外商219家，引进外资1.66亿美元。到1992年达到2012个，是此前N年的总和……而从20世纪90年代开始，每年50%—60%的老企业新增投资，都充分证明了外企对上海投资环境的认可。从此，上海进入了外资大量涌入、城市大发展的腾飞

---

① 参见孟群舒：《"一个图章"：服务型政府，从此起步》，《解放日报》2018年6月19日。

时代。①

"一个图章"撬动外资入沪的故事只是我国早期行政体制改革的一个缩影。伴随着中国经济体制改革的不断深化，以人民为中心的政府治理体系在不断适应社会主义市场经济改革深入发展的需要、适应社会结构多样化和社会发展全面性的需要的过程中构建并完善起来。

成都高新区管委会经发局产业处处长黄伟说，他 1996 年之前在区政府做公务员，那时，"生活安逸极了"。每到周五下午，同事们还可以一起到武侯祠附近"喝喝茶""吹吹牛"。调到高新区工作后，却很快便有了"在热土上干活的感觉"，"原来是别人跟着我们走，现在是我们追着别人跑"。他口中的"别人"就是企业。如今，在高新区，几乎所有的部门工作都要围绕着"如何高效快速地为企业服务"展开。2009 年，在与"世界船王"马士基集团的谈判中，时任成都高新区管委会副主任的郑莉把通宵赶制完成的投资建议书直接送到了对方离开的火车上。2010 年 6 月，为了拿到富士康 iPad 项目的投资，高新区根据鸿海集团的要求，仅用 76 天时间就建成了 16 万平方米的厂房。②

由此，民之所望、改革所向，在社会主义市场经济条件下，我国人民满意的服务型政府建设是将人民群众的需求放在政府改革的中心位置，有效推动政府职能从重审批向强监管、优服务，政府角色从权力主体向责任主体转变。

过去，申领一张社保卡，前后等了快 3 年；开个餐馆，营业执照与食品经营证件材料还得分头重复审核……如今，随着越来越多的地方、部门和领域不断深化改革，创新办事服务的工作方法，此类消耗人民群众幸福感、获得感的行政行为已一去不复返。浙江省率先提出的"最多

---

① 参见孟群舒：《"一个图章"：服务型政府，从此起步》，《解放日报》2018 年 6 月 19 日。

② 参见林衍、赵涵漠：《高新拽着成都跑》，《中国青年报》2011 年 6 月 13 日。

跑一次"，就以群众"最多跑一次"的需求和感受为标准，倒逼深化政府自身改革，大力推进以服务民众办事为中心的流程再造和目标管理，生动诠释了简政放权、放管结合、优化服务的"放管服"改革精神。在"最多跑一次"的前沿阵地——政务服务大厅，以行政审批资源集成为先导，通过不断集成与企业、与人民群众密切相关的行政许可、非行政许可审批和其他服务事项，对原先分散、零星的审批权力进行集中统一管理，基本实行"前台综合受理、后台分类审批、综合窗口出件"的政务服务新模式。在对涉企的行政审批事项中，有些地方还实施了"先照后证""多证合一""证照联办""证照分离"等改革。截至 2017 年 4 月，

河北雄安新区政务服务中心大力推动全程电子化办理业务，为企业和个人提供"一站式"行政审批事项受理和便民业务受理，同时设有帮办服务区、自助办理区等区域，为企业个人提供现场咨询、材料填单辅导等便利服务。

类似这样的政府服务大厅，全国县级以上地方各级人民政府共设立了3058个，覆盖率94.3%，乡镇（街道）共设立便民服务中心38513个，覆盖率96.8%。①

行政效能革命永无止境。伴随着互联网技术的普及和运用，我国很多地区已经在探索"打造24小时不打烊政府"及"一趟不用跑"。在上海，扫描二维码，输入手机号，点击一键求救，被困电梯的市民李先生在事发五分钟之后获救。在福建龙岩，以前办理护士执业注册申请，首先要到县级行政中心提交材料，初审后寄给市里通过审批，申请人再到市行政服务中心领取，提交材料不全还得补交，申请人跑三四趟是常事。现在，申请人通过手机App提交申请，上传全部申请材料，当日就能完成审核，并将执业证书通过快递寄给申请人，一次不用跑。在不少地方，综合运用大数据信息平台，通过开发手机等移动自助终端的政务服务掌盟平台（App）和公众号，有针对性、定制化地为企业、居民推送便民便企的政务服务信息和政策法规，这种变被动应对为主动服务，让我国政府服务的方式更贴近现代生活，不仅实现了政府机构和运行机制的华丽转身，而且展现了智慧政府和现代政府的特色和风采。

纵观这些重要改革进程，这场刀刃向内的政府自我革命，带来的是政府管理理念和政府职能体系的深刻转变，是政府角色和政府权力运行方式的重大变化，是政府服务机制和流程方式的深刻变革，是互联网、人工智能等技术革新手段在政府管理中的深化运用。而以建设人民满意的服务型政府为目标，插上数字技术和服务型政府建设双翼的中国特色行政体制改革则是一场全方位、深层次、广范围的中国式新公共管理运动，其站位之高、力度之大、实际成效之明显，受到了人民群众的普遍

---

① 参见任欢、梁熙明：《〈全国综合性实体政务大厅普查报告〉公布》，《光明日报》2017年11月24日。

点赞，为全球公共治理变革提供了可资借鉴的中国方案。①

三、建设人民满意的服务型政府，是适应新时代我国社会主要矛盾转化的必然要求，是推动政府治理创新、全面提升治理现代化水平的重要遵循

一切从实际出发，实事求是，是中国共产党一贯坚持的思想。我们党之所以能够由小变大、由弱变强，之所以能够带领中国人民求得民族独立、人民解放、国家富强，最重要的一个秘诀就是无论是在革命、建设时期，还是在改革开放进程中，我们党都特别注重认清和把握不同阶段中国社会的主要矛盾，并以此作为全党的首要工作和任务。②党的十九大报告指出："中国特色社会主义进入新时代，我国社会主要矛盾已经转化为人民日益增长的美好生活需要和不平衡不充分的发展之间的矛盾。"这是继原社会主要矛盾"人民日益增长的物质文化需要同落后的社会生产之间的矛盾"的表述经过 36 年后的首次改变。这一社会主要矛盾新变化对党和国家工作提出许多新的要求，也对构建人民满意的服务型政府提出了新的课题。如何解决不平衡不充分的发展以满足人民日益增长的美好生活需要事实上成了政府工作的中心任务，成了政府发展的重中之重。

人民的需要已经由"物质文化需要"提升为"美好生活需要"，相应地，建设"人民满意的"服务型政府就应当"紧紧围绕人民日益增长的美好

---

① 参见中国行政管理学会课题组：《深化"放管服"改革建设人民满意的服务型政府》，《中国行政管理》2019 年第 3 期。

② 刘晓春、兰澍钦：《社会主义矛盾新变化对党和政府工作的方法论意义》，《淮海工学院学报》2019 年第 4 期。

生活需要履好职、尽好责"①。北京市一七一中学的姜老师就说："我的月薪比五年前涨了 5000 元！日常消费不用心里算来算去，喜欢的就买。"这两年来，她的月薪连连"看涨"，月入过万不说，各种补贴、奖金让她每次发工资都笑开了颜。② 可见，经过 40 多年的改革开放，随着我国的社会生产力发生的实质性变化，中国人民在物质生活方面已不再满足于产品的数量，而更加注重产品的品质；人们不仅要求更丰富的精神产品，而且呼唤更全面的发展；人们关心柴米油盐酱醋茶，还关心琴棋书画诗酒花，更关心民主、法治、公平、正义、安全、环境等。政府是国家经济和社会生活的主要调控者，人民需求的满足取决于政府职能的贯彻，新时代人民美好生活的需要意味着政府职能需要实现全方位、多维度的转变和提升。2021 年 2 月，四川成都公布了《关于实施幸福美好生活十大工程的报告》，报告不仅聚焦百姓衣食住行的生活成本，提出要"完善供给体系、稳定价格成本、提升服务质量"；而且还观照到年轻人的进步和成长，提出"青年创新创业就业筑梦工程"，以创造更多"看得见摸得着的城市机会成就青年创业梦想"，通过营造"锐意创新、宽容失败"的城市气度、"乐观包容、友善公益"的城市温度激扬青年奋斗勇气，提升青年情感归属。由此可见，公共服务水平提高的过程就是让人民群众获得感、幸福感、安全感不断增强的过程。服务型政府建设应始终围绕和坚持以人民为中心，以"人民满意"为目标实现升级提档，对地方政府的二次改革能力、福利扩散能力与利益协调能力提出了更高的要求。③

---

① 《巩固党和国家机构改革成果　推进国家治理体系和治理能力现代化》，《人民日报》2019 年 7 月 6 日。

② 参见孔德晨：《五年中国恩格尔系数持续下降》，《人民日报（海外版）》2020 年 11 月 23 日。

③ 参见邓岩：《论社会主要矛盾转化条件下人民满意的服务型政府建设——学习习近平总书记关于建设人民满意的服务型政府的重要论述》，《社会主义研究》2020 年第 1 期。

"不平衡不充分的发展"被认为是新时代社会主要矛盾的主要方面。破解该难题，要求通过建设人民满意的服务型政府带动各重要领域改革，为解决新时代社会主要矛盾提供动力支持。党的十九大报告指出："发展不平衡不充分的一些突出问题尚未解决，发展质量和效益还不高，创新能力不够强，实体经济水平有待提高，生态环境保护任重道远；民生领域还有不少短板，脱贫攻坚任务艰巨，城乡区域发展和收入分配差距依然较大，群众在就业、教育、医疗、居住、养老等方面面临不少难题；社会文明水平尚需提高；社会矛盾和问题交织叠加，全面依法治国任务依然繁重，国家治理体系和治理能力有待加强……"① 可以看出，新时代社会主要矛盾已经构成制约我国发展的突出短板，而这种"发展不平衡不充分"不仅指城乡区域发展不平衡、居民生活水平不平衡，还指相对于美好生活需要而言的基本公共服务提供水平的不平衡上。习近平总书记指出："在经济发展水平落后的情况下，一段时间的主要任务是要跑得快，但跑过一定路程后，就要注意调整关系，注重发展的整体效能，否则'木桶效应'就会愈加显现，一系列社会矛盾会不断加深。"② 作为人民利益的代表，我们党和政府已将政府的服务能力变为发展能力，通过破除制约经济社会发展的体制机制弊端、提升政府治理的现代化水平，有效推动其他领域的改革，弥补木桶的"短板"，在"跑得快"之余捋顺了发展节奏，缓解了社会矛盾。

以乡村教育为例，为了破除城乡二元结构，缩小城乡差距，我国已加快推进线上优质教育资源建设与共享。据统计，2019 年，全国98.4%的中小学（含教学点）实现网络接入，90.1%的中小学已拥有多媒体教室，"一师一优课、一课一名师"活动参加教师超过 1000 万人次。

---

① 《中国共产党第十九次全国代表大会文件汇编》，人民出版社 2017 年版，第 7 页。
② 《习近平谈治国理政》第二卷，外文出版社 2017 年版，第 198 页。

湖南省长沙市浏阳市社港镇清江村日清小学是一所有着 63 年历史的乡村学校，由于地处偏远，这里很难留住外来老师。53 岁的朱联明靠着对教育事业的热爱，独自承担这所学校的教学、管理任务已有 11 个年头。图为朱联明在日清小学教室给学生上音乐课。

截至 2020 年 5 月 11 日，国家中小学网络云平台浏览次数达 20.73 亿，访问人次达 17.11 亿。① 这不仅为薄弱学校、艰苦边远农村地区输送优质资源，也为新冠疫情期间教学"大考"奠定了坚实基础。

我国服务型政府解决"不平衡不充分的发展"状况的另一个颇有说服力的例子是脱贫攻坚战。2020 年，当世界银行警告全球贫困人口将因疫情逆势增加 1.5 亿，多国减贫成果将遭重挫时，中国识别贫困人口低于 1%。8 年来，近 1 亿人脱贫，832 个贫困县全部摘帽。中国每年

① 参见教育部基础教育司：《疫情期间中小学线上教学工作情况》，2020 年 5 月 14 日，见 http://www.moe.gov.cn/fbh/live/2020/51987/sfcl/202005/t20200514_454112.html。

减贫人数超过世界一半以上国家的人口数，不可谓不是速度奇迹。而这离不开我国各级政府投入的主体和主导作用。2015 年 11 月 27 日，习近平总书记在中央扶贫开发工作会议上指出："当前，经济下行压力较大，财政增收不乐观，但扶贫资金不但不能减，中央和省级财政还要明显增加投入。这一点要统一思想。'十三五'期间宁肯少上一些大项目，也要确保扶贫投入明显增加。"① 新增脱贫攻坚资金主要用于深度贫困地区，新增脱贫攻坚项目主要布局于深度贫困地区，新增脱贫攻坚举措主要集中于深度贫困地区。由此，在政府的主导下，通过各种举措，我国形成了支持深度贫困地区脱贫攻坚的强大投入合力。2021 年 2 月 25 日，

2022 年以来，江苏省海安经济技术开发区纪工委联合相关部门深入一线开展常态化监督检查，确保政策资金、服务保障落实落地，护航惠企政策尽快转化为中小企业复工复产的动能。图为江苏省海安经济技术开发区纪检监察干部（左）在车间检查了解企业复工复产情况。

---

① 习近平：《论"三农"工作》，中央文献出版社 2022 年版，第 190 页。

在全国脱贫攻坚总结表彰大会上，习近平总书记庄严宣告："我国脱贫攻坚战取得了全面胜利"①。中华民族的历史翻开崭新篇章。

如何让各级公权力机关能够更加及时、有效回应广大人民群众对美好生活的需求呢？社会主要矛盾的转变对党和国家各级机构提出了新要求和新使命，即必须确保现代化的治理是依法治理。人民满意的服务型政府一定是其权力既不能用来任意妄为，也不能束之高阁，更不能随意抛弃，而必须切切实实发挥功能、实现目标。为保障人民群众合法利益，维护政府公信力，按照国家有关要求，上海市制定了《上海市全面推行行政执法公示制度执法全过程记录制度重大执法决定法制审核制度实施方案》，并深入推进行政执法"三项制度"，规范行政执法，对所有市场主体一视同仁，促进公平竞争，优胜劣汰；通过执法公示，提高行政执法透明度和公信力，倒逼行政执法单位有效履职。只有让法治成为国家治理体系和治理能力的重要依托，才能让权力真正为人民服务。

---

① 《习近平著作选读》第二卷，人民出版社 2023 年版，第 429 页。

第七章　生产、分配和运行机制的有机统一

——坚持和完善社会主义基本经济制度

　　党的十九届四中全会通过的《中共中央关于坚持和完善中国特色社会主义制度　推进国家治理体系和治理能力现代化若干重大问题的决定》重新概括了社会主义基本经济制度，即"公有制为主体、多种所有制经济共同发展，按劳分配为主体、多种分配方式并存，社会主义市场经济体制等社会主义基本经济制度"。

一、坚持公有制为主体、多种所有制经济共同发展

　　我国所确立的以公有制为主体、多种所有制经济共同发展的基本经济制度，是中国特色社会主义制度的重要组成部分，是确保我国经济社会持续稳步发展的重要保证，也是确保改革发展成果能够被全民共享的制度保证。随着经济发展水平不断提升，我国公有制经济日益腾飞，在深化改革进程、引领健康发展、扩大开放力度等方面发挥着巨大作用。

　　坚持公有制经济的主体地位，是社会主义制度的一项本质特征。公有制坚持生产资料归全民所有，直接决定着我国社会主义国家的基本性

质。我国现行宪法第六、七条分别规定："中华人民共和国的社会主义经济制度的基础是生产资料的社会主义公有制，即全民所有制和劳动群众集体所有制。""国有经济，即社会主义全民所有制经济，是国民经济中的主导力量。"

公有制经济在社会经济中的主体地位不仅体现在公有资产在整个社会资产中占据独特优势地位，同时还体现在国有经济掌握和控制着国家经济命脉，在国家经济发展中所起的主导作用上。这种主导作用并不是单纯体现在数量比例关系上，而是体现在公有制经济对国民经济各领域发挥的控制、带动和影响作用上。尤其在事关国计民生和国家安全的关键行业、领域，公有制经济必须起主导作用。

当前，公有制经济重点以维护国家安全、促进经济发展以及维护社会稳定作为发展目标。若单纯从数量上看，国有企业的数量不占绝对优势，但国有资产的结构和质量不断提升。我国第四次经济普查数据显示，2018 年我国国有控股企业的数量共计 24.2 万个，在所有企业总量中的占比只有 1.3%，但这些企业控制的资产总额高达 474.7 万亿元，在社会企业资产总额中的占比达到 56.3%。其中占比最为突出的是金融类国有控股企业，资产总额占比高达 82%。国有企业在关系国民经济发展的重要领域，比如交通运输、有色金属、石油、化工、电子信息、冶金等行业具有绝对优势，拥有最先进的技术和大规模优质资产；同时在诸多战略新兴产业当中也具备独特的竞争优势，具有充分发展潜力。

党的十八大以来，我国在经济领域以建立现代企业制度为契机深化国有企业改革，在实现国有企业经营权和所有权有效分离的基础上，引入多元化的投资主体，让国有企业真正成为市场经济中的竞争主体。随着国有企业改革的日益深入，最大限度激发了公有制经济的发展活力。依据 2021 年度《财富》杂志所公布的世界 500 强企业排行榜，我国进入该排行榜的企业共计 143 家（包含港澳台），其中包括 82 家国有企业，占比 57.34%，并且国家电网、中石油、中石化等中央企业连续多年排在榜单前五位。可见，国有经济是确保我国宏观经济持续稳定发展、有效规避重大波动以及优化和调整产业结构的重要力量。显著增强国有经济的影响力，同样能够对其他所有制经济发挥更为突出的引导作用，带动各种所有制经济能够在中国特色社会主义事业发展进程中迸发出更大的活力。

在公有制经济蓬勃发展的同时，非公有制经济同样是我国经济社会发展中必不可少的力量。改革开放以来，随着所有制结构的逐步调整和完善，非公有制经济在发挥市场效能、解决就业等方面发挥越来越重要作用，显著调动了整个社会经济的发展活力。是改善民生和促进就业必不可少的重要力量。历经数十年的不断发展，非公有制经济实现了从无到有、从小到大的蜕变，尤其是民营经济实现了从"0"到"56789"的跨越，即：为我国经济发展贡献五成以上的税收、六成以上的 GDP、七成以上的科技创新成果、八成以上的城镇劳动就业，民营企业数量占我国企业总量九成以上。民营经济发展中涌现出的华为、腾讯、京东、小米等全球知名企业，已成为支撑我国经济社会发展腾飞的重要动力。当前，随着我国非公有制经济发展环境不断优化，民营经济已经成为实现高质量的关键要素，也是建立现代企业制度、促进社会主义市场经济体制日益健全和完善的重要力量。

民营经济在改善民生领域的作用同样突出。2015 年 10 月 17 日，全国工商联与国务院扶贫办以及中国光彩会共同发起了"万企帮万村"行动。该行动的帮扶双方分别为民营企业和建档立卡的贫困村、贫困户，民营企业为这些贫困地区带来企业资源和资金，通过签约的形式来共建村旗，努力在 3—5 年内吸引 1 万家以上民营企业参与其中，解决 1 万个以上贫困村的脱贫问题，这一行动不仅能够带动非公有制经济和

2020 年 11 月 20 日，国务院新闻办公室在北京举行中外记者见面会，请四位民营企业家代表围绕"万企帮万村——精准扶贫的民企行动"与中外记者见面交流。

非公有制经济人士健康稳步发展，同时能够为攻克脱贫攻坚任务、推动共同富裕作出独特贡献。该行动实施以来，吸引了大规模民企参与到打赢农村脱贫攻坚战役中来，为我国彻底消除绝对贫困，在 2020 年实现全面脱贫目标作出了突出贡献。

2022 年 1 月 8 日上午 9 时 26 分，两趟首发复兴号列车同时从台州站、嵊州新昌站开出，分别驶向杭州、温岭方向，标志着首条民营控股高铁——杭台高铁（杭绍台铁路）正式开通运营。杭台高铁是由民营资本、中国铁路总公司、浙江省交通集团和地方政府共同出资建设。2015 年 12 月被国家发展改革委确定为我国首批八个社会资本投资铁路示范项目之一。2017 年 9 月，复星集团牵头组建民营联合体，与浙江省政

　　2022 年 1 月 8 日，我国首条民营控股高铁开通运营。图为 1 月 8 日在台州站拍摄的杭台高铁首发列车。

府签署铁路 PPP 项目投资合同，其中民营联合体占股 51%。杭台高铁的顺利通车，充分表明了非公有制经济在我国正发挥着越来越重要的作用。党的十八大以来，以习近平同志为核心的党中央始终坚持"两个毫不动摇"，即毫不动摇巩固和发展公有制经济，毫不动摇鼓励、支持、引导非公有制经济发展，保证各种所有制经济依法平等使用生产要素、公平参与市场竞争、同等受到法律保护。新时代，我们更要充分发挥以公有制为主体、多重所有制经济共同发展的制度优势，不断推动中国经济迈向好质量发展的康庄大道。

二、坚持按劳分配为主体、多种分配方式并存

改革开放前一个时期，我国实行高度集中的计划经济体制，采用单一的所有制形式，相对应地采用单一的按劳分配方式。党的十一届三中全会后，随着经济体制改革和对外开放不断深化，我国生产资料所有制结构由单一公有制转变为以公有制为主体、多种所有制经济共同发展；经济体制由高度集中的计划经济向社会主义市场经济转变。随着所有制以及经济体制的深刻变化，我国的分配制度也发生了深刻变革，由单一按劳分配制度逐渐向按劳分配为主体、多种分配方式并存的方向发展。党的十九届四中全会首次将按劳分配为主体、多种分配方式并存的分配制度纳入基本经济制度范畴，体现出分配制度在中国特色社会主义经济体系中的重要地位。

我国现阶段的所有制结构决定当前必须坚持按劳分配为主体、多种分配方式并存的分配制度。社会主义所有制与分配制度之间是内生内洽的。按劳分配不仅体现了社会主义制度下劳动者的主人翁地位，更是确保劳动者享有劳动成果的制度安排，是实现共同富裕目标的重要保障。生产资料公有制为主体决定了按劳分配的主体地位，充分体现了我国社会主义制度的本质特征。多种所有制经济共同发展决定了分配制度除了坚持和维护按劳分配的主体地位，还要发挥按生产要素分配在优化资源配置结构、提高资源利用率、调动各种生产要素积极性，以及促进生产力发展等方面的显著作用。作为马克思主义政党，中国共产党自成立以来就确立了实现共同富裕这一奋斗目标。中国40多年的改革开放历程充分证明了，只有在坚持按劳分配主体地位的基础上，引入其他多种分配方式，才能最大限度地激发各种积极要素共同投身社会生产，促进生产力水平提升，奔向共同富裕。因此，坚持

将按劳分配与按要素分配结合起来，是基于当前社会生产力发展水平，追求效率并兼顾公平的最优制度设计，也是现阶段最大限度促进社会公平正义的制度安排。

党的十八大以来，我国经济始终保持中高速增长，在世界舞台创造了"经济增长奇迹"。同时，也必须清醒认识到，我国发展不平衡不充分问题仍然突出，城乡发展和收入分配差距较大。国家统计局的数据显示，2020 年，全国基尼系数达到 0.468，超出了 0.4 的警戒线。新时代，我们更需要不断完善收入分配体制，逐渐降低收入分配差距。

2021 年 8 月，中央财经委员会第十次会议在北京召开，会议重点研究实现共同富裕问题，并提出要构建初次分配、再分配、三次分配协调配套的基础性制度安排，这是新时代我国发展和完善收入分配制度的重大举措。与依据要素贡献大小的初次分配、依据国家意志推进的再分配相比，第三次分配集中体现了劳动者自主自愿性，即在道德、文化、习惯等影响下，社会力量自愿通过民间捐赠、慈善事业、志愿行动等济困扶弱的行为。第三次分配是对第一、二次分配的有益补充，在具体实践中三者有机统一构成一个整体。在社会经济实践过程中，初次分配主要通过市场调节实现个人收入，如劳动所得、投资收益等。再分配是政府通过税收、转移支付、社会保障体系等手段调节收入分配，劳动者缴纳的个税，同时得到的养老、医疗、教育等福利保障。初次分配主要体现效率，再分配兼顾效率和公平，而第三次分配是通过民间捐赠、慈善事业、志愿者行动等多种社会互助的形式，进行社会财富的再流动，促进社会公平。

中央提出构建初次分配、再分配、三次分配协调配套的基础性制度安排后，广大企业积极响应。腾讯公司于 2021 年 4 月投入第一期 500 亿元资金支持"可持续社会价值创新"项目，主要用于支持基础科学、碳中和、教育创新、养老科技和公益数字化等领域的前瞻性探索。8 月

18 日，腾讯公司宣布再次增加 500 亿元资金，启动"共同富裕专项计划"，并深入结合自身的数字和科技能力，在乡村振兴、基层医疗体系完善、教育均衡发展等民生领域提供持续助力。除此之外，拼多多、小米等诸多企业也纷纷加入共同富裕建设进程中来，集中展现了第三次分配的作用成果。

2021 年 7 月，福布斯发布 2021 年中国慈善榜，上榜的 100 位企业家现金捐赠总额为 245.1 亿元，与 2020 年相比增长 37%。这也是该榜单捐赠总额首次突破 200 亿元大关。从捐赠方向来看，资金主要集中在医疗、教育和扶贫，这正是当前我国实现高质量发展过程中迫切需要解决的重点问题。从慈善榜数据来看，第三次分配的制度安排正"从单一走向多元、从小众走向大众、从国内走向国际、从社会救助迈入社会治理"。中国企业家的捐赠规模越来越大，捐赠形式越来越多元，关注的领域越来越丰富，他们在发展经济的同时，积极履行社会责任，对慈善事业的参与越来越广泛、越来越深入。

三、坚持社会主义市场经济体制

坚持社会主义市场经济体制是我们党经过长期实践探索形成的基本经济制度，也是中国特色社会主义政治经济学的重大创新。坚持社会主义市场经济体制的关键，在于正确处理好政府与市场之间的关系。改革开放 40 多年来，我国之所以能够顺利从计划经济转向市场经济体制，并迸发出强大的发展活力，一条重要的经验就在于不断优化和调整政府与市场的关系。党的十八届三中全会通过的《中共中央关于全面深化改革若干重大问题的决定》明确要求，"经济体制改革是全面深化改革的重点，核心问题是处理好政府和市场的关系，使市场在资源配置中起决定性作用和更好发挥政府作用"①。将市场在资源配置中的基础性作用上升到决定性作用，同时更好发挥政府作用，不仅充分肯定了市场在资源配置以及经济体制改革中的关键作用，同时为未来更好优化资源配置提供了根本方向，进一步明确了政府与市场之间的关系，标志着我国开启了政府和市场各自作用、协同提升的新阶段。党的十九大报告明确指出，"着力构建市场机制有效、微观主体有活力、宏观调控有度的经济体制"②。这为新发展阶段进一步理解和把握政府与市场之间的关系，进一步健全和完善社会主义市场经济体制提出了新的要求。新时代，我们既要充分调动企业的发展活力，不断放大市场作用，同时还要增强政府宏观调控能力，三者相互作用，构成有机整体。因此，要正确认识和把握市场与政府之间的关系，不能简单强调一方而忽视另一方，关键要科学界定二者的职能界限，这是正确处理好二者关系的必要前提。

正确处理好政府与市场之间的关系同样是深化经济体制改革的核心问题，也是进一步健全和完善社会主义市场经济体制的关键所在。政府与市场之间的关系是随着社会经济发展而逐步形成的。突出市场的决定性作用，并不是否定政府作用，也不能简单地理解为谁大谁小、谁强谁弱。正确理解和把握政府与市场之间的关系，是进一步完善和发展社会主义市场经济体制的必然要求，同时从根本上体现了 40 多年改革开放实践的成功经验，是新发展阶段继续发展社会主义市场经济的应有之义。在不断健全和完善社会主义市场经济体制的历史进程中，理解和把握政府与市场关系的关键在于将市场资源配置的决定性作用与政府作用有效协同起来，这不仅体现了社会主义市场经济的本质特征，更凸显出

---

① 《十八大以来重要文献选编》（上），中央文献出版社 2014 年版，第 513 页。
② 《十九大以来重要文献选编》（上），中央文献出版社 2019 年版，第 281 页。

这一制度的鲜明优势。凡是市场能充分发挥作用的领域，政府就应简政放权，尽可能减少行政干预；市场失灵领域，政府应积极主动发挥宏观调控职能，高效履行自身职责。

我国金融市场发展起步较晚。1990 年 12 月，经国务院授权，由中国人民银行批准建立的上海证券交易所正式成立，这是新中国成立以来内地第一家证券交易所。经过 30 多年的发展，我国证券市场不断发展繁荣，充分发挥了配置金融资源的重要作用，陆续成立了深圳证券交易所、中国金融期货交易所。2021 年 9 月 2 日晚，习近平总书记在 2021年中国国际服务贸易交易会全球服务贸易峰会上的致辞中宣布，"继续支持中小企业创新发展，深化新三板改革，设立北京证券交易所，打造服务创新型中小企业主阵地"①。9 月 3 日，北京证券交易所有限责任公司成立，标志着我国金融市场发展跨出重要一步。正是因为充分发挥了市场的决定性作用，我国金融市场用 30 多年时间走过了发达国家上百年的发展历程。30 多年风雨征程，我国资本市场从无到有、从小到大、从弱到强，构建了包含主板、中小板、创业板、科创板、新三板、区域股权市场等在内的多层次资本市场体系。截至 2021 年 12 月，深沪两市共有超过 4000 家上市公司，总市值首度突破 90 万亿元。中国 A 股市场已成为全球第二大证券市场。

在持续深化改革的当前，充分发挥政府作用，关键在于发挥政府在调节经济、管理社会、提供公共服务、监管市场，以及保护生态环境领域的职能作用，以更具创新性的宏观调控方式，提高政府宏观经济治理能力和治理水平，打造更加完善的宏观经济治理体制。具体来讲，一是继续深化"放管服"改革。将简政放权作为转变政府职能角色的突破口，持续推进行政审批制度改革，坚持放管结合，优化政府服务水平，降低

---

① 《习近平外交演讲集》第二卷，中央文献出版社 2022 年版，第 365 页。

中国第一家证券交易所——上海证券交易所于 1990 年 11 月 26 日宣告成立并于 12 月中旬正式开业。图为上海证券交易所成立大会会场。

各项制度交易成本，充分激发市场发展活力和社会创新能力，为经济持续发展创造可持续内生动力。二是维护和保障市场正当竞争。突出市场在资源配置中的决定性作用，进一步引导市场有序竞争，打造统一开放且竞争有序的市场经济体制及体系，建构统一的市场规制，提高各领域的开放性，为各主体营造公平竞争环境。三是提高政府宏观经济调控能力。进一步创新和完善政府宏观调控方式，综合利用货币、财政及产业等宏观政策，引导各项生产要素有序流动，确保总供给和总需求动态平衡，尽可能降低周期性经济波动，有效防范区域性、系统性风险，为经济持续稳步发展创造良好的宏观条件。四是提高公共服务水平。在市场失灵的公共产品、公共服务供给上，深化供给侧结构性改革，全面保障公共卫生、治安以及基础设施领域的产品供给，确保广大人民群众能够公平享有社会公共产品及服务，提高人民福祉。

建构服务型政府，要求政府应当在服务企业和群众领域建立长效工作机制，尤其是将地区优势资源集中倾向于改善民生，比如关系群众生活质量的教育、医疗、保障、就业、福利、生态环境、公共设施、安全等领域，着力提升社会福祉水平。政府应当为解决群众和企业办事的"最后一公里"问题，建构全方位且多层次的行政服务体系，加大人员配置。2016 年年末，浙江首次提出"最多跑一次"改革计划，充分显示了浙江省政府推动政府职能转变的决心。"最多跑一次"改革难就难在这是政府机关部分刀刃向内的自我革命，是动自己奶酪、给自己找"别扭"的重大改革。浙江省为了把"最多跑一次"改革落到实处，单独设立了省委改革办，加挂省最多跑一次改革办的牌子，由省委常委、秘书长担任主任，省委常委、常务副省长担任第一副主任。这是浙江省唯一由两位省委常委担纲的新机构，足见浙江省将"最多跑一次"改革进行到底、争当新时代全面深化改革排头兵的决心和意志。

浙江省"最多跑一次"改革给企业带来了更多的获得感，推进了当地市场经济发展，一些优质企业慕名而来。浙江纳晶科技股份有限公司于 2017 年 6 月取得浙江省衢州市绿色产业集聚区内的 45 亩土地，拟投资 3 亿元建设年产 150 吨量子点胶水项目。公司一位高管说："以前企业上马一个项目，要跑安监、住建、消防、人防、气象等多部门和各种中介，提供几十斤重的图纸单独图审，如今能在线提供图纸资料，有关部门在线反馈审查结论，节省至少一个月时间，还省下一大笔的审查费用。衢州推出施工图'多审合一'改革，让企业'最多跑

顺应人民群众呼声，浙江提出"最多跑一次"改革，体现以人民为中心的发展思想。图为浙江省台州市行政服务中心的工作人员在给市民办理业务。

河北省永清县政务大厅将高频事项办事指南制作成二维码，大大节约了办事群众的时间成本。

一次',这是我们最看重的政策利好,也是纳晶科技到衢州投资的重要原因。"浙江省的成功经验,为全国各地提供了实践样本,"最多跑一次"服务目标已在全国多个省份陆续推行。例如,许多省份税务局通过二维码实现业务集约办理,将各种办税事项一次性告知,避免纳税人反复多跑。

第八章　更好构筑中国精神、中国价值、中国力量

——坚持和完善繁荣发展社会主义先进文化制度的故事

　　没有社会主义文化繁荣发展，就没有社会主义现代化。建设社会主义现代化强国、推动中华民族的伟大复兴，需要以中华文化繁荣发展为条件。党的十八大以来，以习近平同志为核心的党中央高度重视文化建设，出台了包括《中共中央关于繁荣发展社会主义文艺的意见》《关于进一步把社会主义核心价值观融入法治建设的指导意见》《关于培育和践行社会主义核心价值观的意见》《关于实施中华优秀传统文化传承发展工程的意见》《新时代公民道德建设实施纲要》《新时代爱国主义教育实施纲要》等在内的一系列法规文件，为推动新时代中国特色社会主义文化繁荣发展提供了有力的制度保障。思想文化战线锐意进取、积极作为，持续做大做强理论舆论，意识形态形态领域发生全局性、根本性转变，社会主义核心价值观深入人心，中华优秀传统文化不断弘扬光大，文化自信明显增强，主旋律越来越响亮，正能量越来越强劲，全党全国人民共同奋斗、团结向上的思想基础更加巩固。

一、马克思主义指导地位更加鲜明

任何一种文化，都有一个占据统摄地位的旗帜和灵魂。对于中国特色社会主义文化来说，马克思主义是旗帜和灵魂，也是其区别于其他文化的根本标志。马克思主义尽管诞生在一个半多世纪之前，但历史和现实都证明它是科学的理论，迄今依然有着强大生命力。它深刻揭示了自然界、人类社会、人类思维发展的普遍规律，为人类社会发展进步指明了方向；它坚持实现人民解放、维护人民利益的立场，以实现人的自由而全面的发展和全人类解放为己任，反映了人类对理想社会的美好憧憬；它揭示了事物的本质、内在联系及发展规律，是人们观察世界、分析问题的有力思想武器。在人类思想史上，还没有一种理论像马克思主义那样对人类文明进步产生了如此广泛而巨大的影响。

马克思主义不仅深刻改变了世界，也深刻改变了中国。马克思主义传入中国的 100 多年历史，在人类历史的长河中只是瞬间，但对于中国共产党来说，却是从无都有、从小到大的发展壮大历史进程；对于中华民族来说，则是从积贫积弱到站起来、富起来再走向强起来的历史进程。实践证明，中国共产党的命运、中国人民的命运、中华民族的命运，早已同马克思主义的命运紧紧连在一起。没有马克思主义的指引，就没有中国共产党的发展壮大；没有马克思主义的指导，就没有中国道路的开辟和亿万民众共同奋斗的思想基础。正如习近平总书记在纪念马克思诞辰 200 周年大会上的讲话中所言："历史和人民选择马克思主义是完全正确的，中国共产党把马克思主义写在自己的旗帜上是完全正确的，坚持马克思主义基本原理同中国具体实际相结合、不断推进马克思主义中国化时代化是完全正确的！"①

　　马克思主义是指导党和人民事业的理论基础，也是指导我国文化发展的科学指南。我国文化建设的历史实践充分表明，对马克思主义指导地位坚持得好，就能形成文化繁荣发展的生动局面；坚持得不好，就会造成思想上的混乱，给党和人民事业带来损害。当前，我国文化领域正在发生广泛而深刻的变革，文化的多元化趋向更加明显，马克思主义、非马克思主义甚至反马克思主义思想观念同时存在，先进的和落后的相互交织，积极的和消极的相互交锋，本土的和外来的相互交融，坚持马克思主义在意识形态领域指导地位的重要性日益突出。面对日趋复杂的社会文化生态，以习近平同志为核心的党中央举旗定向、谋篇布局、强基固本，在连续召开两次全国宣传思想工作会议的基础上，还召开了文艺工作座谈会、全国党校工作会议、党的新闻舆论工作座谈会、网络安全和信息化工作座谈会、哲学社会科学工作座谈会、全国高校思想政治工作会议等重要会议。习近平总书记亲自主持会议并发表了一系列重要讲话，深刻回答了意识形态领域一系列方向性、根本性、全局性、战略性重大问题。在此基础上，中央还出台了包括《中共中央关于繁荣发展社会主义文艺的意见》《中共中央关于进一步繁荣发展哲学社会科学的意见》《党委（党组）意识形态工作责任制实施办法》等在内的一系列法规文件，进一步从制度上保证了马克思主义在意识形态领域的指导地位。

　　习近平新时代中国特色社会主义思想，是当代中国马克思主义、二十一世纪马克思主义，是中华文化和中国精神的时代精华，实现了马克思主义中国化时代化新的飞跃。正是在习近平新时代中国特色社会主

---

　　①　习近平：《在纪念马克思诞辰 200 周年大会上的讲话》，人民出版社 2018 年版，第 14—15 页。

义思想的指导下，我们才解决了许多长期想解决而没有解决的难题，办成了许多过去想办而没有办成的大事，推动党和国家事业发生历史性变革。在新时代，坚持马克思主义在意识形态领域的指导地位，第一位的任务就是用习近平新时代中国特色社会主义思想武装全党、教育人民，夯实全党全国人民共同奋斗的思想基础。为此，中央先后组织编写了《习近平新时代中国特色社会主义思想三十讲》《习近平新时代中国特色社会主义思想学习纲要》《习近平新时代中国特色社会主义思想学习问答》等读本，发行量都达到千万册以上，充分彰显了党的理论武装工作所取得的巨大成就。

还要看到，习近平新时代中国特色社会主义思想的形成和在实践中卓有成效的生动运用，不仅使中国特色社会主义道路、理论、制度、文化不断发展，而且拓展了发展中国家走向现代化的途径，给世界上那些既希望加快发展又希望保持自身独立性的国家和民族提供了全新的选择，为解决人类问题贡献了中国智慧和中国方案。《习近平谈治国理政》共四卷的中英文版全球发行量数以千万计，可以说创造了改革开放以来，中国国家领导人著作海内外发行的纪录。柬埔寨副首相兼内阁大臣索安在谈到《习近平谈治国理政》这本书时表示，这本 500 多页的书有助于了解中共领导集体的治国理念和原则，也有助于国际社会更多了解和更好理解中国的思想、发展道路、对内对外政策，以及中国对国际上担心中国及其未来的反应。

二、社会主义核心价值观深入人心

价值观念在一定社会文化中是起中轴作用的，文化的影响力首先是价值观念的影响力。世界上的各种文化之争，本质上价值观念之争。当今世界正经历百年未有之大变局，我国正处于实现中华民族伟大复兴的关键时期，国际国内形势的深刻变化使我国意识形态领域面临着空前复杂的情况，各种思想文化相互激荡，不同文明交流交融交锋更加频繁，进一步凸显了价值观念在综合国力竞争中的战略地位。在这样的情况下，如何提高整合社会思想文化和价值观念的能力，扩大主流价值观念的影响力，掌握价值观念领域的主动权、主导权、话语权，是我们必须解决的重大课题。

党的十八大着眼推进中国特色社会主义伟大事业、实现中华民族伟大复兴，明确提出了以"富强、民主、文明、和谐，自由、平等、公正、法治，爱国、敬业、诚信、友善"为主要内容的社会主义核心价值观。其中，富强、民主、文明、和谐是国家层面的价值要求，自由、平等、公正、法治是社会层面的价值要求，爱国、敬业、诚信、友善是公民层面的价值要求。对于为何确认社会主义核心价值观，习近平总书记曾明确指出，"我国是一个有着 13 亿多人口、56 个民族的大国，确立反映全国各族人民共同认同的价值观'最大公约数'，使全体人民同心同德、团结奋进，关乎国家前途命运，关乎人民幸福安康"[1]。一个民族的文明进步，一个国家的发展壮大，需要很多力量来推动，核心价值观是其中最持久最深沉的力量。

党的十八大以来，党中央高度重视社会主义核心价值观的培育工作，习近平总书记多次作出重要论述并提出明确要求，强调要在全社会大力弘扬和践行社会主义核心价值观，使之像空气一样无处不在、无时不有，成为全体人民的共同价值追求，成为我们生而为中国人的独特精神支柱，成为百姓日用而不觉的行为准则。为此，习近平总书记专门主持十八届中共中央政治局就培育和弘扬社会主义核心价值观、弘扬中华传统美德

---

[1] 《习近平谈治国理政》，外文出版社 2014 年版，第 168 页。

进行集体学习，并强调广大党员、干部必须带头学习和弘扬社会主义核心价值观，用自己的模范行为和高尚人格感召群众、带动群众；参加北京大学师生座谈会，强调青年要自觉践行社会主义核心价值观；到北京市海淀区民族小学参加庆祝"六一"国际儿童节活动，强调要从小积极培育和践行社会主义核心价值观。从党员、干部，到青年学生，再到少年儿童，一场涵盖全民的社会主义核心价值观培育活动迅速在中华大地展开。

培育社会主义核心价值观，是一个系统工程，也是一个长期工程，不可能一蹴而就。为了发挥政策法规在培育和弘扬社会主义核心价值观中的重要作用，党中央专门制定了推动核心价值观融入法治建设的指导性文件。2013 年 12 月印发的《关于培育和践行社会主义核心价值观的意见》，强调要把社会主义核心价值观贯彻到依法治国各个方面，用法律权威增强人们培育和践行社会主义核心价值观的自觉性。2016 年 12 月出台的《关于进一步把社会主义核心价值观融入法治建设的指导意见》、2018 年 5 月出台的《社会主义核心价值观融入法治建设立法修法规划》，则对社会主义核心价值观融入法治建设作了全面部署。随后，包括《新时代公民道德建设实施纲要》《新时代爱国主义教育实施纲要》等在内的一系列有关培育社会主义核心价值观的规章制度和公共政策相继出台，有效地保证了社会主义核心价值观的培育践行工作。

三、舆论引导更加坚强有力

2016 年新春伊始，习近平总书记就来到人民日报社、新华社、中央电视台等 3 家中央新闻单位进行实地调研。在随后召开的党的新闻舆论工作座谈会上，习近平总书记着眼党的工作全局，对新闻舆论工作进行了把握和定位。在他看来，党的新闻舆论工作是党的一项重要工作，事关旗帜和道路，事关贯彻落实党的理论和路线方针政策，事关顺利推进党和国家各项事业，事关全党全国各族人民凝聚力和向心力，事关党和国家前途命运。这"五个事关"，字字千钧，深刻揭示了舆论在社会发展中的重要作用。历史也确实如此，纵览古今中外，任何政党要夺取和掌握政权，任何政权要实现长治久安，都必须抓好舆论工作。回顾21世纪以来爆发"颜色革命"的国家和地区，舆论导向都在其中发挥了举足轻重的"作用"。历史和现实、经验和教训，无时不在告诉我们，舆论的力量绝不可小觑，正确的舆论可以成为社会发展的"推进器"、社情民意的"黏合剂"，错误的舆论则会成为国家发展的"分离器"、社会动荡的"催化剂"。

在信息网络技术飞速发展的今天，媒体格局和舆论生态不断加速重构，新载体、新渠道、新应用、新平台不断涌现，即时通信等应用基本实现普及。人人都是"主播"、人人都有"麦克风"的舆论传播效应不断凸显。舆论格局的深刻变化，在给整个社会思想带来活力的同时，也出现了一些需要引起高度关注的问题。现在，国内国外、网上网下都有一些言论，或贬低中华文化，或歪曲党的历史，或造谣生事，不仅污染了网络空间，也搞乱了人们思想。历史和现实都警示我们，思想舆论阵地一旦被突破，其他防线很难守住。在舆论斗争上，我们必须旗帜鲜明地亮明主张，理直气壮地传播正能量，引导人民群众树立和坚持正确的历史观、民族观、国家观、文化观。

党的十八大以来，党中央从维护国家长治久安和党执政安全的角度，高度重视舆论引导工作。从2013年、2018年出席全国宣传思想工作会议、发表重要讲话，到2015年年底视察解放军报社，2016年到人民日报社、新华社、中央电视台实地调研，习近平总书记多次对新闻舆论工作作出重要部署，反复强调要把党的新闻舆论工作做得更好，坚持正确导向，以正确的舆论引导人，激发全党全国各族人民团结奋斗的强大力量。与此同时，包括《中华人民共和国网络安全法》《中国共产党宣传工作条例》《党委（党组）意识形态工作责任制实施办法》《中共中央关于加强和改进党的新闻舆论工作的意见》等在内的一系列事关舆论引导工作的政策法规相继出台。思想宣传战线着眼强化显政，统筹网上网下、国内国际、大事小情，加大宣传舆论工作力度，有效扭转了主流思想主导地位遭受侵蚀的状况，正面积极舆论不断巩固壮大，正能量不断积累喷发，全党全社会思想上的团结统一更加巩固。

在国内，在正确舆论的引导下，民众爱国热情得到极大激发，全国各民族人民团结奋斗的精神纽带愈发紧密。庆祝新中国成立 70 周年的系列活动、首次颁发国家勋章和国家荣誉称号的创举、气势恢宏的国庆阅兵，有力地彰显了国威军威、振奋了党心民心。

在国际上，积极开展舆论斗争，有力维护了国家主权、安全、发展利益。面对美国在中美经贸磋商中的极限施压，在疫情防控中的污蔑歪曲、"甩锅"抹黑，面对各种反华势力在香港"修例风波"和所谓新疆人权问题的歪曲造谣，以习近平同志为核心的党中央指挥若定，保持了大局稳定。思想舆论战线及时发声、宣示立场、澄清是非，有力反击一些国家在经贸、科技、疫情防控和自由、人权、民族、宗教等问题上的打压抹黑，对内统一了思想认识，对外维护了国家主权、安全、发展利益，在经风雨、勇斗争中形成了团结奋发的强大力量。

四、文化事业产业"比翼齐飞"

国际经验表明，当一个国家人均 GDP 达到 3000 美元时，国民的文化消费需求将呈现出快速增长甚至是井喷的态势。从 1970 年到 1993 年，美国居民人均消费支出由 3100 美元增加到 16249 美元，增长了 4.2 倍，而同期娱乐消费支出则由人均 115 美元增加到 887 美元，增长了 6.7 倍，娱乐消费支出增长的速度明显高于人均消费支出的速度。经过 40 多年的快速发展，我国人均 GDP 已经超过 1 万美元，恩格尔系数已经降到 0.3 以下，人们精神文化生活需求迅速增长，文化消费能力大大提升。国家统计局的数据显示，2021 年我国人均教育文化娱乐消费支出 2599 元，增长 27.9%，占人均消费支出的比重为 10.8%。可以说，伴随着物质生活水平的提高，人们对精神文化的需求越来越旺盛，越来越多的人希望能够拥有更多样化、更精彩的精神文化生活。

立足我国经济社会的快速发展，着眼人民群众日益增长的精神文化生活需求，我们党在明确新时代我国社会主要矛盾已经转化为人民日益

广东佛山：推进智慧图书馆"村居"全覆盖建设。

增长的美好生活需要和不平衡不充分的发展之间的矛盾的基础上，进一步加大了对文化事业、文化产业发展的重视力度，出台了一系列事关文化事业、文化产业长远发展的法规政策，包括《中华人民共和国公共文化服务保障法》《中华人民共和国公共图书馆法》，以及《关于推进工业文化发展的指导意见》《工业和信息化部关于促进文房四宝产业发展的指导意见》《文化部关于推动数字文化产业创新发展的指导意见》《关于支持电视剧繁荣发展若干政策的通知》，等等。特别是党的十九届四中全会更是顺应时代发展要求和人民群众需求，明确提出要健全人民文化权益保障制度，建立健全把社会效益放在首位、社会效益和经济效益相统一的文化创作生产体制机制，为从制度层面保障文化事业和文化产业的快速发展作出了顶层设计和战略规划。

在党中央的高度重视和一系列法规政策的推动下，我国文化事业和文化产业得到了快速发展，呈现出"比翼齐飞"的良好发展格局。一方面，国家对公共文化事业的投入力度不断加大，人民群众基本文化需求得到有效保障。《中华人民共和国文化和旅游部 2021 年文化和旅游发展统计公报》显示，2021 年，全国文化和旅游事业费 1132.88 亿元，比上年增加 44.62 亿元，增长 4.1%；全国人均文化和旅游事业费 80.20 元，比上年增加 3.12 元，增长 4.0%。文化和旅游事业费占财政总支出的比重为 0.46%，比上年提高 0.02 个百分点。正是得益于国家投入的不断增加，事关人民群众基本文化需求的公共文化设施网络不断得到完善，公共图书馆、文化馆（站）、公共博物馆、公共美术馆等公共文化设施实现了免费开放，从而为老百姓提供了接地气的"文化大餐"，有效丰富了群众性文化活动。

另一方面，文化产业迎来了发展的加速期，人民群众多样化文化需求得到极大满足。根据国家统计局发布的数据，2020 年全国文化及相关产业增加值为 44945 亿元，比上年增长 1.3%，占 GDP 的比重为

4.43%。在庆祝改革开放 40 周年、新中国成立 70 周年、中国共产党成立 100 周年等重要时间节点，一批文化精品力作不断问世。从《我和我的祖国》到《我和我的家乡》，从《战狼 2》到《夺冠》，从《流浪地球》到《哪吒之魔童降世》等，一批口碑和票房双丰收的佳作，生动讲述着国家的蓬勃发展、家乡的沧桑巨变、百姓的欢乐忧伤，人民群众也在光影的变幻中感受着时代的变化。

习近平总书记指出："中国特色社会主义是全面发展、全面进步的伟大事业，没有社会主义文化繁荣发展，就没有社会主义现代化。"① 在全面建设社会主义现代化的新征程上，基于中国特色社会主义文化制度体系的保障，扎根五千多年中华文明的丰厚沃土，坚定中华民族固有的文化自信气度，社会主义文化建设一定能够迎来新高潮，建成社会主义文化强国的目标一定能够实现。

---

① 习近平：《在教育文化卫生体育领域专家代表座谈会上的讲话》，人民出版社 2020 年版，第 4 页。

第九章　没有终点站，只有不断提高的新起点

——坚持和完善统筹城乡的民生保障制度

回顾百年奋斗历程，中国共产党围绕构建、发展和完善民生保障制度做了大量工作，不断构筑更高质量、更高水平的民生保障网，使幼有所育、学有所教、劳有所得、病有所医、老有所养、住有所居、弱有所扶得到了更好实现。当前，我国正处于实现"两个一百年"奋斗目标的历史交汇期，承上启下，全面建设社会主义现代化国家新征程即将开启，关注民生、重视民生、保障民生、改善民生，我们没有终点，只有不断提高的新起点。

一、坚持和完善统筹城乡的民生保障制度，就是要坚持就业是民生之本

民生是最大的政治，就业是民生之本，也是发展之基，更是财富创造的源头活水。要实现民生的改善、中国经济的持续正增长，就必须解决好就业问题。因为就业才能有收入，才能更好带动消费、拉动经济，进而持续改善民生。对此，习近平总书记强调指出："要坚持就业优先

战略，把解决人民群众就业问题放在更加突出位置，努力创造更多就业岗位。"①

　　经过长期努力，中国共产党在保障人民实现稳定就业方面取得了令人瞩目的成绩。具体表现在：就业规模不断扩大，就业人数从 1949 年的 1.8 亿增加到 2020 年的 7.5 亿，增加了 3.2 倍；就业结构不断优化，从新中国成立初期绝大多数劳动者以农业为生到 2020 年年末第三产业就业人数占 47.7%、城镇就业人数占 61.6%；就业人员素质大幅提高，从新中国成立初期劳动者普遍处于文盲半文盲状态到 2020 年劳动年龄人口平均受教育年限为 10.8 年；劳动报酬快速增长，2020 年我国城镇非私营单位就业人员平均工资达 9.7 万元，是 1978 年的 158 倍；就业方式更加多元，从计划分配到市场就业、自由择业、自主创业，人们就业观念在多样化的选择中充分展现；工作生活更加平衡，从"单休制"到"双休制"，从"黄金周"到带薪休假，人们不断在劳动中体现人生价值、体会人生意义，劳动最光荣已成为全社会的共识。

　　这些成绩的取得与中国为保障就业市场稳健发展所付出的努力是分不开的。近年来，为适应高质量发展的要求，我国经济发展方式发生深刻转变、产业结构发生深刻调整，同时，还受全球经济下行以及"逆全球化"对经济的冲击，就业既面临总量性矛盾，又面临结构性矛盾，稳就业的难度很大。尽管如此，我国仍坚持多措并举，一方面，把创造更多就业岗位和稳定现有就业岗位并重，在支持实体经济发展稳定就业基础的同时，顺应经济转型升级趋势开发更多就业岗位；另一方面，加大劳动者职业技能培训力度以提高其转岗能力或创业能力、促进企业用工信息与劳动者求职需求进一步对接、继续对灵活就业人员给予社保补贴

---

① 中共中央党史和文献研究院编：《习近平关于城市工作论述摘编》，中央文献出版社 2023 年版，第 138 页。

等多种有效举措，保证了就业形势基本稳定。

尤其是 2020 年，新冠疫情的全球肆虐对中国就业市场造成巨大打击，但中国政府在做好"六稳"工作、落实"六保"任务中，仍将就业摆在首位。从中央层面来看，2020 年 3 月 18 日，国务院办公厅印发《关于应对新冠肺炎疫情影响强化稳就业举措的实施意见》，提出更好实施就业的政策举措。从地方层面来看，各地各部门也积极行动起来，落实"政策包"，打出"组合拳"。保存量，各地抓住关键点，稳住基本盘。从点对点接送员工，到全力保障企业防疫物资，再到协助解决物流、配套等难题，迎难而上，一手抓好疫情防控，一手有序推进复工复产。与此同时，还进一步拓增量，各地壮大新动能，开发新岗位。疫情期间，

中国"最北自贸区"加速推进数字经济转型发展。图为 2022 年 4 月 24 日，在哈尔滨海邻科信息技术有限公司生产车间，工作人员在进行生产作业。

大数据、云计算、智能制造、数字经济等都展现出强大潜力和良好发展势头，对进一步稳定和扩大就业起到了积极的推动作用。正是由于中央和地方的齐心协力，最大限度降低了疫情给我国经济带来的不利影响，最终实现城镇新增就业人口 1186 万，有效稳定了就业市场。

在就业大军中，每年都会增加的新鲜血液就是高校毕业生群体，这一群体的就业状况，牵动着千家万户的神经。2021 届高校毕业生规模909 万人，同比增加 35 万人。受新冠疫情等多种因素影响，2021 届高校毕业生就业形势复杂严峻。但从总体上看，就业局势稳定。大学生就业不只依靠现有市场对劳动力的吸纳，而且他们自身也成为积极创业的重要主体。如近年来，我国每年都举办的"互联网 +"大学生创新创业大赛，为大学生创新创业提供了展示舞台和进一步发展的平台。对于这项活动带来的影响，教育部高等教育司司长吴岩介绍，7 届大赛累计有 603 万个团队 2533 万名大学生参赛，据统计，仅前 6 届大赛的 400 多个金奖项目就带动就业 50 多万人。大学生创业不仅解决了自身的就业问题，还将帮助更多人实现就业，他们在就业市场的影响和带动作用不可小觑。

我国在就业上取得的成绩与中国共产党人始终牢记为中国人民谋幸福、为中华民族谋复兴的初心和使命密切相关，与中国共产党人始终坚持将就业当成最基本的民生保障密切相关。国务院出台的《"十四五"就业促进规划》进一步指出："以实现更加充分更高质量就业为主要目标，深入实施就业优先战略，健全有利于更加充分更高质量就业的促进机制，完善政策体系、强化培训服务、注重权益保障，千方百计扩大就业容量，努力提升就业质量，着力缓解结构性就业矛盾，切实防范和有效化解规模性失业风险，不断增进民生福祉，推动全体人民共同富裕迈出坚实步伐。"①

---

① 《"十四五"就业促进规划》，《人民日报》2021 年 8 月 28 日。

二、坚持和完善统筹城乡的民生保障制度，就是要坚持教育是民生之基

教育决定着人类的今天，也决定着人类的未来。对中国来说，教育不仅是民生的基础，建设教育强国同样是中华民族伟大复兴的基础工程。"教育兴则国家兴，教育强则国家强。"①中国始终坚持把教育放在优先发展位置，不断深化教育领域的综合改革以提高中国教育水平，努力办好人民满意的教育。

新中国成立以来，中国教育事业取得长足进展。中国经历了从文盲半文盲大国到教育大国、迈向教育强国，从人口大国到人力资源大国、迈向人力资源强国的奋斗历程。截至 2020 年，中国各级各类学校 53.71 万所，比 1949 年增加 18.51 万所；各级各类教育在校学生 2.89 亿人，是 1949 年的 7 倍多；专任教师 1792.97 万人，是新中国成立时的 20.86 倍。经过 70 多年的发展，中国已建成包括学前教育、初等教育、中等教育、高等教育等在内的当代世界规模最大的教育体系，教育现代化发展总体水平跨入世界中上国家行列。②

中国教育事业的高速发展得益于中国政府的一系列有效举措。一是加强教育投入。近年来中国教育经费投入逐年增加，2020 年中国教育经费总投入达 5.3 万亿元，较 2019 年增加了 0.28 万亿元，同比增长 5.65%。二是加强教师队伍建设。通过多种方式吸引优质生源报考师范专业，吸引更多优秀人才从事教育事业，目的是实现用最优秀的人培养出更多优秀的人。三是在全社会大力营造尊师重教的浓厚氛围。

① 习近平：《在北京大学师生座谈会上的讲话》，《人民日报》2018 年 5 月 3 日。
② 参见中华人民共和国国务院新闻办公室：《中国的全面小康》，《人民日报》2021 年 9 月 29 日。

"最美教师"赖勋忠在江西省电子信息工程学校电气装置技能工作室给学生们授课（2021年9月9日摄）。

如全国每年举行的"最美教师"评选活动，展示教师队伍中具有高尚道德情操、教书育人实绩突出的代表，在全社会形成了良好的榜样和示范效应。截至2021年，"寻找最美教师"（含4届"寻找最美乡村教师"）的活动已开展11届，先后表彰宣传了111位"最美教师"，同时宣传了数十位"特别关注教师"以及凉山支教帮扶团队、援藏援疆支教团队等"最美团队"。

在教育覆盖面不断增加的同时，中国共产党为教育公平采取的措施正在不断见到实效。"十三五"期间，重点高校招收农村和贫困地区学生专项累计达到52.5万人，越来越多的农村孩子走进高等学府。离录取分数线还差6分的范俊彪如愿走进了北京理工大学，辽宁省建昌县井龙沟村的朱国营也成为县里第一个考上北京大学的学生。考得上大学与上得起之间，国家助学贷款起到了保障作用。2010年以来，国家助学贷款发放金额保持稳定增长，年均增长 12.7%。2020 年国家助学贷款发放 378 亿元，资助学生 506 万人次。与此同时，中国已经构建起的高等教育阶段"奖、贷、助、勤、补、免"全方位学生资助体系，实实在在缓解了家庭经济困难学生的后顾之忧。① 对比中国来说，美国大学生的学费负担越来越重。自 20 世纪 80 年代以来，美国政府对高等教育的财政支持力度开始减小，大学学费不断上涨。1987—2017 年，全美公立大学对州内学生的收费从年均 8403 美元涨至 20770 美元，对州外学生的收费则高达 36420 美元。近年来，这一趋势有增无减。加州伯克利大学 2020—2021 学年学费为 14312 美元，加上学杂费共计 37468 美元，比 2019—2020 学年整体上涨了 2708 美元。一些久负盛名的私立大学，其高昂的学费更是令绝大多数美国家庭望而生畏。如耶鲁大学 2021—2022 学年的学费为 59950 美元，加上生活费、杂费后高达 81575 美元，比上一学年增加 2250 美元。②

"努力让每个孩子享有受教育的机会，努力让 13 亿人民享有更好更公平的教育，获得发展自身、奉献社会、造福人民的能力"③，这是中国共产党对人民的庄严承诺，更是以习近平同志为核心的党中央对执政诺言的信守，对人民追求更加美好生活的回应。面向未来，科技进步日新月异，国际竞争日趋激烈，对教育发展提出了更高要求。我们只有充分认识到教育的重要性，才能紧跟时代步伐，大力进行教育创新，为国家和民族赢得发展新优势。

---

① 参见桂从路：《助学贷款畅通圆梦通道》，《人民日报》2021 年 9 月 24 日。
② 参见邓磊、刘丹：《大学为谁而开：美国大学学费持续上涨的制度分析》，《高等教育研究》2021 年第 7 期。
③ 《习近平谈治国理政》第一卷，外文出版社 2018 年版，第 191 页。

三、坚持和完善统筹城乡的民生保障制度，就是要坚持社会保障是民生之依

"社会保障是保障和改善民生、维护社会公平、增进人民福祉的基本制度保障，是促进经济社会发展、实现广大人民群众共享改革发展成果的重要制度安排，是治国安邦的大问题。"[①] 经过几十年的建设和发展，我国已建成了世界上规模最大的社会保障体系，广大人民群众的生活几千年来首次有了最基本的保障，中国也创造了人类社会保障发展史上的伟大奇迹。

我国社会保障体系以社会保险为主体，包括社会救助、社会福利、社会优抚等制度在内。截至2023年年底，全国基本养老[②]、失业、工伤保险参保人数分别为10.66亿人、2.44亿人、3.02亿人，基本医疗保险参保人数达133386.9万人（写"超过13亿人"也可以）。生育保险依法覆盖所有用工单位及职工。住房保障力度不断加大，累计建设各类保障性住房和棚改安置房8000多万套，帮助2亿多困难群众改善住房条件。[③] 此外，退役军人保障制度、老年人关爱服务体系、残疾人和孤儿帮扶制度等都在不断健全和完善之中。

社会保障带给广大人民群众的是实实在在的实惠，它使人们工作更安心、生活更舒心、对未来更有信心。河南省商丘市城乡一体

---

① 《习近平在中共中央政治局第二十八次集体学习时强调　完善覆盖全民的社会保障体系　促进社会保障事业高质量发展可持续发展》，《人民日报》2021年2月28日。

② 邱玥：《全国基本养老保险参保人数达10.66亿人》，《光明日报》2024年1月26日。

③ 参见中华人民共和国国务院新闻办公室：《中国的全面小康》，《人民日报》2021年9月29日。

2022 年 5 月 24 日拍摄的石家庄市高新技术产业开发区棚户区改造新建小西帐东苑小区（无人机照片）。

化示范区平安街道董庄新村有一户郭姓人家，原系农村居民，后因商丘城市建设征用土地，搬入了由政府补贴建成的安置新居。全家四代共 8 口人，第一代为年逾 80 岁的老年夫妇，男性腿脚不便，女性半身不遂且失语；第二代为 50 多岁的中年夫妇，因照顾老年夫妇没有固定工作，轮流就近务工；第三代为 30 多岁的青年夫妇，均在务工；第四代为适龄学童，在当地小学上学。这一家四代，人人享有相应的社会保障。其中，老年夫妇每月获得的最低生活保障、城乡居民养老保险金、河南省高龄津贴、重度残障补贴、生活困难补贴等各项相加，能够满足基本生活需要；政府补贴其参加了居民基本医疗保险、大病保险，二人还可享受针对困难群众的医疗救助，自负医疗费用只占 5% 左右。中年夫妇和青年夫妇均参加了城乡居民养老保险、医疗保险及大病保险，并享受相应保障待遇。适龄学童享受免费的义务教育。这些社会保障项目解除了家庭成员在老年生活、疾病医疗、子女教育、住房等方面的后顾之忧，也减轻了家庭成员照顾残疾人生活等负担。①

　　这只是低收入居民获得社会保障的缩影，这种情况在贫困地区并不少见，正是由于我国社会保障体系秉持"全覆盖、保基本、多层次、可持续"的基本方针，使得即使是极端贫困户也能过上"两不愁"（不愁吃、不愁穿）、"三保障"（义务教育、基本医疗和住房安全）的无忧生活。完备的社会保障体系为人民创造美好生活奠定了坚实基础，为打赢脱贫攻坚战提供了坚强支撑，为如期全面建成小康社会、实现第一个百年奋斗目标提供了有利条件。

　　当前，在党的坚强领导下，在人民群众的大力支持下，我国社会保障制度建设正在顺利推进，成为当今世界社会保障发展速度最快、覆盖人口规模最大、保障水平持续提升幅度最大的国家，并成功建设了具有鲜明中国特色的社会保障体系，得到了国际社会的高度认可和评价。早在2016年，国际社会保障协会为表彰中国在社会保障方面的突出表现以及鼓励世界各国关注并学习中国经验，授予中国政府"社会保障杰出成就奖"。与此同时，我们还要放眼未来，要有风险意识，对未来中国老龄化加深、人口预期寿命提升、受教育年限增加，以及劳动力结构变化等发展趋势，都要有足够的研判，提前规划并做好社会保障在这些方面的应对准备工作。

---

　　① 参见郑功成：《中国何以建成世界最大社会保障体系（学苑论衡）》，《人民日报》2020年11月2日。

四、坚持和完善统筹城乡的民生保障制度，就是要坚持健康是民生之需

"人民健康是社会文明进步的基础，是民族昌盛和国家富强的重要标志，也是广大人民群众的共同追求。"①中国共产党历来高度重视人民的健康工作，把保障人民健康放在优先发展的战略位置，坚持预防为主的方针，深入实施健康中国行动，完善国民健康促进政策，织牢国家公共卫生防护网，为人民提供全方位全生命期健康服务。

经过长期努力奋斗，中国医疗卫生体系逐步健全，医疗资源配置进一步优化。新中国刚成立时，医疗卫生体系十分薄弱，全国仅有医疗卫生机构 3670 个，卫生人员 54.1 万人，卫生机构床位数 8.5 万张，这一状况到 2020 年发生了翻地覆地的变化，全国医疗卫生机构数达 102.3 万个，医疗卫生机构床位总数、卫生技术人员总数分别为 911 万张、1066 万人，我国基本形成了包括疾病预防控制、健康教育、妇幼保健、精神卫生防治等各种专业机构在内的公共卫生服务体系。与此同时，在确保人民看得上病、看得起病和看得好病等方面也采取了不少措施，如人均基本公共卫生服务经费补助标准不断上升，基本公共卫生服务项目不断扩大，医药价格水平不断回归合理，城乡基本医疗公共服务均等化不断推进等。

家住四川省眉山市彭山区武阳街道土桥村 4 组的夏志均一家共有 3 口人，他本人患有肺下叶恶性肿瘤近 4 年。由于患病，他负责家务，妻子在县城打零工，女儿出嫁到临县。4 年来，夏志均多次住院动手

---

① 习近平：《论把握新发展阶段、贯彻新发展理念、构建新发展格局》，中央文献出版社 2021 年版，第 403 页。

2022 年 4 月 13 日，"家庭医生"在贵州省黔东南苗族侗族自治州岑巩县思旸镇岑丰村给村民量血压。

术，仅 2019 年就住院 5 次，医疗费用高达 7 万余元。由于他是村里的建档立卡贫困户，住院可以享受"先诊疗后付费"，全部医疗费用实行城乡医保政策结算后，个人支付部分还可以享受区里的医保兜底政策，由区医保中心补差，总共报销逾 90%，自己实际花钱并不多。如他最近一次住院共花费 40081.31 元，城乡居民医疗保险 21689.49 元，补差 14383.69 元，个人自付仅 4008.13 元。①

加强对疾病的预防是提高人们健康水平的正解，而体育锻炼在这方面大有可为。早在 2006 年，针对农村体育设施缺乏、农民参加体育健身活动困难的情况，国家体育总局就印发了《关于实施农民体育健身工程的意见》，在全国范围实施"农民体育健身工程"。到 2019 年，全国

① 参见王明峰等：《及时搭把手老乡少烦忧》，《人民日报》2020 年 6 月 16 日。

近 57 个行政村建设了"一场两台",即一个标准篮球场和两个乒乓球台,为农民健身提供了场地和设置的保障;在城市,各地积极打造"15 分钟健身圈",而这一任务在寸土寸金的上海颇有难度,为解决这一难题,上海充分利用公园绿地、旧厂房、仓库、商场……这些容易被人们忽略的地方,将其打造成体育健身场所。此外,上海还积极探索"共享公共运动场""共享健身房"等"互联网 + 体育设施"管理模式,提高社区体育设施的利用效率和服务质量。

综上,中国在提高人民健康水平方面取得了重要成果,人均预期寿命是国家提供的社会民生保障、民生福祉最直接的体现。新中国成立之初,我国居民人均预期寿命只有 35 岁,到了 2021 年,中国人均预期寿命接近 78 岁,已超过美国。中国共产党秉持生命至上、健康至上的理念,正带领中国人民创造更加幸福美好的明天。

第十章　共建共治共享建设平安中国

——坚持和完善共建共治共享的社会治理制度

社会治理是国家治理的重要方面，是国家发展建设中一项极其重要的工作。社会治理有效与否，直接关系国家长治久安、社会和谐稳定和人民安居乐业。长期以来，中国共产党高度重视社会治理工作，团结带领全国人民不断探索实践，更新社会治理方式，创新社会治理模式，形成了共建共治共享的社会治理制度，确保了人民幸福安宁、社会有序安定，实现了更高水平的平安中国。

一、正确处理新形势下人民内部矛盾

矛盾无处不在、无时不有。正确处理人民内部矛盾，是检验一个国家社会治理水平和治理能力现代化的试金石。回顾我们党开展社会治理的历史，就是一部不断处理各种矛盾的历史。事实证明，什么时期人民内部矛盾处理得好，社会稳定程度就高，发展速度就快，人民获得感、幸福感、安全感就强。

新中国成立后，毛泽东高瞻远瞩，于1957年发表了著名的《关于正确处理人民内部矛盾的问题》，第一次系统阐明了社会主义社会敌我矛盾和人民内部两类矛盾，以及正确处理人民内部矛盾的问题，为我国在社会主义制度下正确处理人民内部矛盾指明了方向。

　　提到正确处理人民内部矛盾，不得不提浙江省诸暨县枫桥镇。这是一片神奇的土地，孕育了我国以人民为中心的共建共治共享的基层社会治理雏形，同时也形成了正确处理人民内部矛盾的成功典范——"枫桥经验"。1963 年 2 月，为更好地建设、巩固新生政权，中共中央决定在全国农村和部分城市开展社会主义教育运动。作为浙江省的试点之一，枫桥干部群众经集体讨论，决定采取发动群众、依靠群众，通过说理斗争的方式，对"地主、富农、反革命分子、坏分子"等"四类分子"进行思想说服教育，并监督其参加生产劳动，以将其改造为新人。最终，

2021 年 4 月 11 日，参观者在枫桥经验陈列馆重温入党誓词。当日，浙江诸暨枫桥镇魏廉村 79 岁老党员魏杏根来到枫桥经验陈列馆，与 20 名年轻党员一起重温"枫桥经验"发展历程。参观后，魏杏根老人还与大家分享了当年自己运用"枫桥经验"化解基层矛盾的故事。

枫桥在没有逮捕一人、不费一枪一弹的情况下，就完成了"社教"任务，并且效果显著。随后，在毛泽东的指示下，"发动和依靠群众，坚持矛盾不上交，就地解决"的"枫桥经验"得到总结，并在全国范围内推广学习，各地纷纷效仿枫桥，全国改造"四类分子"的工作很快见到成效。可以说，"枫桥经验"不仅有效解决了当时改造"四类分子"的现实难题，也为我国正确处理人民内部矛盾提供了参考借鉴模板。

时代更迭，社会变了，矛盾变了，"枫桥经验"破解矛盾之道也随之而变。几十年来，一代代枫桥人适应时代要求和形势变化，在传承中发展，在实践中创新，不断赋予"枫桥经验"新的时代内涵、实现新的时代价值。如今，在习近平新时代中国特色社会主义思想的科学指引下，"枫桥经验"持续传承、发扬，并被多次写入重要文件、决议。"枫桥经验"正在为新时代正确处理人民内部矛盾持续发挥着现实作用。

正确处理矛盾纠纷，最简单的办法就是掌握情况，有的放矢地加以解决。而掌握情况最有效的办法就是要有个这么一个地方，一个可以畅通群众诉求表达、利益协调、权益保障的地方，一个可以让老百姓的声音被听到、能向上传达的地方，一个在老百姓遇到问题时能主动想起来去"找个说法"的地方。信访工作是党和政府联系群众的桥梁纽带，是人民群众真实想法直达党和政府的有效途径。2021 年 10 月 2 日，小马在某工地上班时发生意外，造成骨折，检查费和手术治疗费花费 1.3 万多元。其丈夫田先生多次找该工地负责人要求支付小马的医疗费用无果，便试着在"宁夏信访网上投诉平台"反映了自己的诉求，当天该信访件就转到责任单位。经协调，5 天后田先生拿到了被拖欠的医疗费。① 宁夏"日接收、周落地、月办结"的信访工作效率只是全国信访工作的

① 参见《日接收、周落地、月办结宁夏网上信访服务群众"零距离"》，2022 年最高人民法院工作报告，见 http://finance.sina.com.cn/wm/2022-01-11/doc-ikyam-rmz4449435.shtml.

一个缩影，曾经害怕群众反映问题，"围追堵截"、想方设法不让群众发声的怪相正在消逝，取而代之的是架起桥梁、畅通渠道，想办法了解群众"急难愁盼"问题并及时解决。随着信访工作发展完善，我国信访工作开创不断新局面。各级千方百计为群众排忧解难，群众的诉求在基层就解决了，越级访、重复访的现象少了，群众对政府的满意度高了，社会更有序也更和谐了。

处理矛盾最高的境界就是关口前移、防患于未然。只有加强源头治理，变"事后调"为"事前解"，将纠纷止于未发、矛盾化于萌芽，才能最大限度地遏制矛盾激化。2022年最高人民法院工作报告点名四川"石榴籽"调解室、云南"金花"调解室、西藏"送法进边境村居"、新疆"冬不拉"调解室、兵团"农牧场法官工作室"调解室等，在各地矛盾纠纷调解工作中取得成效显著，备受当地群众青睐。近年来，群众矛盾纠纷调处工作得到进一步规范，各地定期开展矛盾问题排查，公检法以及相关职能部门常驻联系点现场受理、解答、办理矛盾纠纷和基层诉求，政法干警发挥主力军作用，形成了人民调解、行政调解、司法调解一体联动的大调解体系，越来越多的矛盾纠纷在基层被化解、在萌芽中被消除，矛盾调处化解率逐年提升，全国案发率、刑事案件、诉讼案件逐步下降，社会安全稳定态势向上向好。

二、完善社会治安防控体系

平安是老百姓解决温饱后的第一需求，是极重要的民生，也是最基本的发展环境。良好的社会治安，关系社会秩序的稳定和人民生活的安定，必须坚定不移推进社会治安建设，为国家发展、社会稳定、人民幸福提供坚强保证。长期以来，党中央科学统筹发展和安全，强调安全的重要性和必要性，不断推动完善社会治安防控体系，实现了发展与平安的良性互动，平安中国建设工作成效显著，我国正在续写中国社会长期稳定的伟大奇迹。

中国国土面积辽阔、人口数量庞大、民族种类繁多，这些都给我国的治安管控增加了难度、带来了挑战。尤其是在世界百年未有之大变局的大背景下，治安管理更是难上加难。即使面对这样复杂严峻的情况，中国的治安状况也在逐年变好，人民满意度逐年提高，可见我国社会治理之有效。2021 年，美国盖洛普咨询公司发布的《2021 年全球法律与秩序报告》显示，中国排名第二位，民众极具安全感。而超级大国美国，连前十都没有挤进去。可见，这个标榜自由平等的国度，也并非如它自己描述的那样。2022 年 3 月 2 日，中国驻美大使馆网站发布消息，其中提到"美社会治安状况堪忧"，提醒在美中国公民做好安全保护。美国社会治安状况堪忧，并不是新闻。3 月 11 日，我国代表在人权理事会第 49 届会议与酷刑问题特别报告员对话中指出，美国警察暴力执法致人死亡事件层出不穷，2021 年至少有 1124 人死于警察暴力。据报道，在乔治·弗洛伊德因警察暴力执法死亡后的一年里，美国执法人员在美国又杀害了数百名少数族裔。① 本该保护人民群众、维护社会治安的美国警察，却成了威胁人民生命安全、危害社会治安稳定的麻烦制造者，这样的社会治安如何不让人堪忧？而在中国，"有困难找警察"是孩童都懂的道理。中国警察秉承克己奉公、无私奉献的优良传统和作风，用鲜血和生命守护人民安全。据公安部公布，2021 年全国公安机关共有 261 名民警、131 名辅警因公牺牲，4375 名民警、3420 名辅警因公负伤。与暴力执法的美国警察形成鲜明对比，中国警察用实际行动践

① 参见《中国代表在人权理事会第 49 届会议对美国警察暴力和酷刑问题表示关切》，新华网，2022 年 3 月 12 日，见 http://www.news.cn/2022-03/12/c_1128463202.htm。

行着自己的誓言，成为中国社会治安的坚强守护者。

中国社会治安能够取得巨大成就，离不开社会治安防控体系的建立完善。近年来，全国上下齐心共建平安中国，党政机关、公安干警、人民群众、社会组织等群策群力，中国式平安为人民带来更大的幸福。2021 年，厦门荣膺"2017—2020 年度平安中国建设示范市"，为平安中国建设交出了满意答卷，也为社会治安防控体系建设作出了新探索。作为一个滨海城市，厦门景色优美，但特殊的地理位置也给这座城市的社会治安防控体系提出了严峻考验。面对挑战，厦门积极作为，坚持"科技引领 + 社会共治"，牢固树立"以防为先"理念，探索实践"预防警务"，通过动态感知风险、及时阻断风险，同时广泛发动社会力量，汇聚起磅礴力量，共建平安社会。2021 年 12 月 15 日清晨，厦门大嶝岛附近海域一片寂静，一艘皮筏艇突然出现在海面。大嶝岛派出所民警发现异常后，马上组织警力拦截，成功抓获一名企图偷渡的嫌疑人。2022 年 1 月 5 日深夜，在厦门与漳州交界的一处公安检查站，一辆黑色轿车接受安检时，设备突然发出警报，自动升起的拦截设备将车辆阻截在检查站内，民警在车底发现数把管制刀具。① 这只是厦门治安防控体系发挥作用的两件小事，而厦门也不过是平安中国建设的一个案例。2021 年 12 月 15 日，在平安中国建设表彰大会上，共授牌命名 60 个平安中国建设示范市、160 个平安中国建设示范县，授予 73 个市县"长安杯"。全国各个城市、各个地区都在为建设更高水平、更高质量的平安做着自己的努力，每个城市的成功路径，也都在为中国社会治安防控提供新思路、新办法。

当前，我国正在形成专群结合、群防群治的治理模式，问题联治、

---

① 参见《厦门：打造沿海城市治安防控体系建设样板》，《人民公安报》2022 年 2 月 23 日。

工作联动、平安联创的工作机制逐步确立，社会治安立体化、法治化、专业化、智能化水平不断提高。治安管控职能部门发挥专业优势，部门与部门之间加强执法合作，一体协同处理问题；人民群众广泛参与治理，主体作用日益凸显，仅北京就有"朝阳群众""西城大妈""海淀网友""丰台劝导队""大兴老街坊""东城守望岗"等多个治安志愿者队伍，协助专职机构开展社会治理，有效促进社会和谐安定。此外，一系列预测预警预防各类风险，快速响应能力也不断提升，公安武警联勤武装巡逻和"1、3、5分钟"快速响应机制陆续落实，学校、医院、公共交通工具和车站等人员密集重点场所和铁路沿线治安防控得到加强；开展专项整治，对群众反映强烈的黑拐抢、黄赌毒以及电信诈骗、非法获取公民个人信息、非法传销、非法集资等突出治安问题进行打击。

数据显示，我国治安案件、刑事立案、命案数量、生产安全事故死亡人数逐年下降，社会治安状况处于历史最好水平。2020年，苏敏以"五十岁阿姨自驾游"为名创建了自己的B站账号，并用该账号记录发布一个人自驾旅途中的所见所闻所感。2021年4月2日，《纽约时报》报道了苏敏阿姨的故事，并称她为一名"无所畏惧的公路旅行者"。文章评论区里，不少外国网友表示羡慕苏阿姨能在疫情期间出游，而自己还在经历疫情的"封锁"；而更多的网友是在羡慕中国优越的治安环境，为苏敏阿姨提供了追寻诗和远方安全保障。中国，当之无愧已经成为世界上最安全的国家之一，平安中国也成为一张亮丽的国家名片，为中国人民和国际社会广泛认可。

三、健全公共安全体制机制

公共安全是国家安全的重要领域，一头连着经济社会发展进步，一头连着千家万户幸福安宁，是社会治理的大事要事。确保公共安全，事关我国发展稳定大局和民族复兴伟业，必须常抓不懈。在公共安全方面，我们党始终坚持以人民为中心的根本立场，全力维护最广大人民群众的根本利益，坚决落实安全责任和管理制度，健全公共安全体制机制，构筑起公共安全的铜墙铁壁。

安全生产重于泰山，须臾不可放松。我们党一直坚持人民至上、生命至上的理念，在保护人民生命安全和身体健康上始终做到不惜一切代价。党中央以高压严惩的态势，压紧压实安全生产责任和管理制度，对各类安全生产事故严查严办，提高生产事故成本，督促各级各类主体增强安全生产意识，减少生产事故。2021 年 9 月 1 日，新修改的《中华人民共和国安全生产法》正式施行，强化和落实生产经营单位主体责任与政府监管责任，建立生产经营单位负责、职工参与、政府监督、行业自律和社会监督机制。此次修改全面规范了不同主体在安全生产中的责任，形成了全员安全生产责任制。如今，安全生产管理不再只是应急管理部门的事，也是相关职能部门、政府机构的法定职责，安全生产也不再只是企业的事，同时也是各部门、各岗位责任人共同的职责。全员关心安全生产、全员负责安全生产，兼顾安全生产与生产效益的局面总体形成，安全生产效能不断提升。2018—2020 年，各类生产安全事故起数比应急管理部设立前三年下降了 26.9%，其中重大事故和特别重大事故分别下降 41.9%、66.7%，全国安全生产形势稳步好转。

我国是灾害多发频发的国家，近些年来，我国成功处置了地震洪涝、台风冰冻、卫生防疫等各类灾害和一系列重大突发事故案件。"十三五"时期，在以习近平同志为核心的党中央坚强领导下，推动应急管理事业改革发展，应急管理体系不断健全，应急救援效能显著提升，安全生产水平稳步提高，防灾减灾抗灾救灾能力明显增强。2018年新组建应急管理部，强化了应急工作的综合治理、全过程管理和力量

安全帽的撞击体验

　　2022 年 6 月是第 21 个全国"安全生产月"，主题为"遵守安全生产法，当好第一责任人"。图为 2022 年 6 月 22 日，中铁建工第二建设有限公司即墨中心城项目的建筑工人在进行安全帽撞击项目体验。

　　资源优化管理，增强了应急管理工作的系统性、整体性、协同性，初步形成了统一指挥、专常兼备、反应灵敏、上下联动的中国特色应急管理体制。"十三五"收官之年的 2020 年，全国各类事故、较大事故、重特大事故数比 2015 年分别下降 43.3%、36.1%、57.9%，死亡人数分别下降 38.8%、37.3%、65.9%。"十三五"期间全国自然灾害因灾死亡失踪人数、倒塌房屋数量和直接经济损失占全国生产总值比重比"十二五"期间分别下降 37.6%、70.8%、38.9%。①

　　① 参见《积极推进我国应急管理体系和能力现代化》，中国政府网，2022 年 2 月 14 日。

民以食为天，"舌尖上的安全"已经成为全社会共同关注的话题。很多时候我们会有这样的顾虑：食品行业主体多、布局分散、业态丰富，监管起来难度大，我们看不见的生产线是否可靠？有多少不合格的食品被送到餐桌上？为解答这一疑虑，切实监管食品安全，国内一些城市已经尝试引入信息化手段跟踪评价、搜集数据。深圳市近年来开展阳光智慧餐饮监管与信息公示系统建设，为1万多家企业安装6万多个视频监控，接入市场监管智能智慧中心，对食品加工制作过程进行实时监控，通过AI识别和大数据分析，针对餐具未保洁等常见违规场景，进行自动抓拍、自动审核并推送整改要求、企业将整改情况线上报送的一体化操作，监管者、餐饮企业还可以用"移动监管App"进行交流，立

2022年5月30日，合肥市蜀山经开区市场监管所执法人员在辖区超市利用食品安全检测仪对粽叶和粽子的相关指标进行抽检，确保节日期间消费者"舌尖上的安全"。

整立改。与此同时，消费者在就餐时可以扫描二维码，查看店家咨询、明厨亮灶、日常监管、抽检检测等监管信息。① 这一系列举措让我们吃得更放心，也吃得更卫生、吃得更健康。

　　除技术手段外，国家还加强对"舌尖上的安全"的司法保障，坚决以"最严谨的标准、最严格的监管、最严厉的处罚、最严肃的问责"这"四个最严"来守护人民"舌尖上的安全"。2022 年提交全国人大会议审议的最高人民法院工作报告介绍，2021 年全国审结危害食品药品安全犯罪案件 6002 件，依法严惩制售"病猪肉""毒草莓""毒面膜"的犯罪分子，守护百姓餐桌安全、用药安全。最高人民检察院工作报告介绍，2021 年与最高人民法院联合发布司法解释，对制售注水肉以及伪劣保健品坑老等犯罪从严追诉、从重处罚；起诉制售有毒有害食品、假药劣药等犯罪 1.1 万人，同比上升 29.8%。"两高"报告再度聚焦食品药品安全，彰显了我国严厉打击食品药品犯罪的坚定决心和坚强信心，人民生命健康也得到了更坚实保证。

四、构建基层社会治理新格局

　　治国安邦，重在基层。随着社会治理的改革发展，治理和服务重心逐渐下移，基层在社会治理中的作用不断显现出来。经过长期探索实践，我国在抓基层、打基础方面积累了宝贵而丰富的经验，形成了相对稳定的基层社会治理制度机制。

　　共建共治共享的主体是人民群众，社会治理应坚持一切依靠人民、一切为了人民，把基层社会治理变成人民群众广泛参与的实践。长期以

---

　　① 参见《用"互联网 +"助力食品安全》，《人民日报》2020 年 8 月 7 日。

来，党一直强调群众参与，发挥人民首创精神，大力拓宽群众参与社会治理的途径和范围，形成自治、法治、德治相结合的治理模式。自治方面，通过民主听证会、社区议事会、居民协调会、群众评议会、专家咨询会、市政热线等丰富多彩的参与形式，实现人民的事人民自己议、自己办、自己管；法治方面，加强基层社会治理立法，保证基层治理有法可依、有章可循，增强基层自治的规范性；德治方面，继承发扬中华优良传统，宣传道德荣辱观，运用好的乡风民俗助力治理。另外，大力发挥社会组织在社会治理中的作用。以"枫桥经验"的发源地诸暨为例，该地打造以"红枫义警""老杨工作室"为代表的品牌社会组织，在社会治理、矛盾处理中发挥着不可或缺的作用。截至 2021 年，诸暨共有各类社会组织 4767 家，平均每 4 个常住人口中就要 1 人参加社会组织。当前，人民在社会治理中的话语权、主动权日益得到保障，全国基本形成了上下共同参与，政府治理和社会调解、居民自治良性互动的基层社会治理格局，群众参与基层社会治理的内生动力不断被激发出来。

推动重心下移，转变治理理念，增强上级服务下级的意识，打造更多为基层社会治理保驾护航的上级机构。扬州市生态科技新城泰安镇芒稻村的老李夫妇，早年失独。李老太因为中风，使用家中老式蹲便器，非常不方便。2020 年 10 月 19 日上午 10 时许，芒稻村网格员顾俊走访知道了这一情况，通过手机平台上传信息至生态科技新城指挥中心，并在"严重程度"这一栏标注"紧急"。一刻钟后，泰安镇指挥中心收到了区里转来的工单，立即转交给该镇社会事业局。当天下午 5 点，回传指挥中心的图片显示，新的坐便器已经安装完毕。从发现问题到解决问题，仅用了 7 小时。① 街道社区也能指挥区级职能部门，这是过去想都

① 参见《从 3 个小故事看市域社会治理现代化的"扬州工"》，央广网，2020 年 11 月 12 日，见 https://www.chinanews.com/sh/2020/11-12/9336802.shtml。

不敢想的事情。这个温情的故事见证了扬州市乡镇机构的快速响应机制，体现了基层人员也能拥有大能量，一个村级网格员也可以调动区、镇、镇事业局等各级相关职能部门处理现实问题。近年来，"放管服"改革不断深化，上级服务下级的情况越来越多见，更多的社会资源、治理权限下放到基层，基层有了更多的人力、物力、财力，也有了更多的权力，真实展现了下级"一根针"能牵动上级"千条线"，从而上下齐心，协同一致，共同创建平安中国。

第十一章　绿水青山就是金山银山

——坚持和完善生态文明制度体系

1992 年的一幅世界夜间灯光图，曾经深深刺痛中国人的心。从北美大陆到东亚西欧，万家灯火，流光溢彩。相形之下，中国大陆的灯光寥若晨星，一派农耕社会"江枫渔火对愁眠"的清冷。20 年过去，快速生长的城市灯火，照亮了神州大地。发展起来的中国，一天比一天亮起来、靓起来。然而一片浓云，很快遮蔽了这愉悦的场景。从太空俯瞰地球，中国的身姿变得影影绰绰。2010 年我国成为世界第二大经济体，但快速恶化的环境污染也越来越突破人们所能接受的底线。2013 年著名的"雾霾一月"里，北京上空有 25 天被灰霾笼罩，中华大地数百万平方千米的国土如雾里看花若隐若现，6 亿人在严重污染的空气中呼吸和生活。

"美丽中国"的呼声，正是在这样的背景下，一天比一天高涨起来。2012 年 11 月召开的党的十八大，把生态文明建设纳入中国特色社会主义事业"五位一体"总体布局，明确提出大力推进生态文明建设，努力建设美丽中国，实现中华民族永续发展。这部由习近平同志担任起草组组长的报告，体现了中国共产党人对中国特色社会主义建设发展的认识更加深化，表明了我们加强生态文明建设的坚定意志和坚强决心。党的十九大将污染防治攻坚战作为决胜全面建成小康社会三大攻坚战之一。

习近平总书记在出席全国生态环境保护大会以及各种重要会议，到各地调研、考察时都反复强调，小康全面不全面，生态环境质量很关键。不能一边宣布全面建成小康社会，一边生态环境质量仍然很差，这样人民不会认可，也经不起历史检验。我们要坚决打赢打好污染防治攻坚战，推动生态环境质量持续好转。党的十八大以来，在以习近平同志为核心的党中央坚强领导下，在习近平生态文明思想的科学指引下，我们坚持用最严格的制度和最严密的法治保护生态环境，整个生态文明建设工作决心之大、力度之大、成效之大，前所未有，取得了历史性成就、发生了历史性变革。

一、充分认识加强生态文明建设的重大意义

对于生态文明建设的极端重要性，习近平总书记以"四个一"作出了高度概括，即"在'五位一体'总体布局中，生态文明建设是其中一位；在新时代坚持和发展中国特色社会主义的基本方略中，坚持人与自然和谐共生是其中一条；在新发展理念中，绿色是其中一项；在三大攻坚战中，污染防治是其中一战"[①]。这"四个一"充分体现了我们党对生态文明建设规律的把握，体现了生态文明建设在新时代党和国家事业发展中的地位，体现了党对建设生态文明的部署和要求。对于加强生态文明建设的重大意义，习近平总书记还在不同场合从不同角度进行了深入阐述。

（一）生态文明建设是关系中华民族永续发展的根本大计

中华民族向来尊重自然、热爱自然，绵延五千多年的中华文明孕育

---

① 《习近平著作选读》第二卷，人民出版社 2023 年版，第 460 页。

着丰富的生态文化。《老子》中说："人法地，地法天，天法道，道法自然。"《孟子》中说："不违农时，谷不可胜食也；数罟不入洿池，鱼鳖不可胜食也；斧斤以时入山林，材木不可胜用也。"《荀子》中说："草木荣华滋硕之时，则斧斤不入山林，不夭其生，不绝其长也。"这些观念都强调要把天地人统一起来、把自然生态同人类文明联系起来，按照大自然规律活动，取之有时，用之有度，表达了我们的先人对处理人与自然关系的重要认识。同时，我国古代很早就把关于自然生态的观念上升为国家管理制度，专门设立掌管山林川泽的机构，制定政策法令，这就是虞衡制度。《周礼》记载，设立"山虞掌山林之政令，物为之厉而为之守禁"，"林衡掌巡林麓之禁令，而平其守"。秦汉时期，虞衡制度分为林官、湖官、陂官、苑官、畴官等。虞衡制度一直延续到清代。

生态兴则文明兴，生态衰则文明衰。生态环境是人类生存和发展的根基，生态环境变化直接影响文明兴衰演替。古代埃及、古代巴比伦、古代印度、古代中国四大文明古国均发源于森林茂密、水量丰沛、田野肥沃的地区。而生态环境衰退特别是严重的土地荒漠化则导致古代埃及、古代巴比伦衰落。我国也有惨痛教训，河西走廊、黄土高原都曾经水丰草茂，由于毁林开荒、乱砍滥伐，致使生态环境遭到严重破坏，加剧了经济衰落。唐代中叶以来，我国经济中心逐步向东、向南转移，很大程度上同西部地区生态环境变迁有关。

生态文明源于对发展的反思，也是对发展的提升、对工业文明的超越。审视人类社会发展的历程，没有一个国家成为工业大国而不曾遗留环境破坏问题、付出艰难治理的代价。但发达国家的工业化之路，多则二三百年，少则一百多年，其环境问题是分阶段出现的。我国的工业化，真正上路是在新中国成立之后，快速发展阶段则是改革开放之后，环境问题呈现压缩型、复合型特点。旧的问题还没有解决，新的问题又不断出现，新旧问题叠加，污染机理更加复杂。加之我国独特的地理环境更需要我们警醒。"胡焕庸线"东南方向 43% 的国土，居住着全国 94% 左右的人口，以平原、水网、低山丘陵和喀斯特地貌为主，生态环境压力巨大；该线西北方向 57% 的国土，供养大约全国 6% 的人口，以草原、戈壁沙漠、绿洲和雪域高原为主，生态系统非常脆弱。如果资源环境问题解决不好，我国发展的空间和后劲就会越来越小。

经济学上有一条著名的曲线，叫作库兹涅茨曲线。这条倒 U 形曲线讲述的是发达国家现代化进程中无一例外遭遇过的一段困境：经济越发展，环境污染越严重。形势的发展，不允许我们像发达国家那样按部就班地解决环境问题，摆在我们面前的选择只有一个，那就是要全党、全社会积极行动起来，深入持久推进生态文明建设，切实完成建设生态文明、建设美丽中国的战略任务，给子孙留下天蓝、地绿、水净的美好家园。

2022 年 5 月 19 日拍摄的长江巫山段曲尺乡一带的景色。

（二）满足人民日益增长的优美生态环境需要

生态环境是关系党的使命宗旨的重大政治问题，也是关系民生的重大社会问题。我们党历来高度重视生态环境保护，把节约资源和保护环境确立为基本国策，把可持续发展确立为国家战略。中国特色社会主义进入新时代，我国社会主要矛盾已经转化为人民日益增长的美好生活需要和不平衡不充分的发展之间的矛盾，人民对优美生态环境的需要已成为这一矛盾的重要方面，广大人民群众热切期盼加快提高生态环境质量。

据统计，从 1997 年开始，我国环境污染纠纷就直线上升，每年递增 25%，到 2002 年已超过 50 万起，环境维权成为社会热点。21 世纪的前十年，有人称之为生态环境矛盾的激化期、公民环保意识的觉醒期，从番禺垃圾焚烧发电厂，到厦门、大连、宁波、成都、昆明 PX 等重化工项目，再到广东江门核燃料风波，环境公共利益冲突日趋尖锐，对抗方式也更加激进。

《鄱阳无渔》《濒死洞庭》《民勤生与死》《艰难的蒙煤外运》《咸潮考验珠三角》《太湖蓝藻再暴发》《锡林郭勒牧区寻路》《大兴安岭的艰难时光》《春天等来的难道只是沙尘暴》……媒体的一个个大字标题，将中国正在经受的考验刻画得淋漓尽致。

从"求生存"到"求生态"，从"盼温饱"到"盼环保"，人民群众对干净水质、绿色食品、清新空气、优美环境等生态的需求更为迫切。良好生态环境，是最公平的公共产品，是最普惠的民生福祉。人民对美好生活的向往是我们党的奋斗目标，解决人民最关心最直接最现实的利益问题是执政党使命所在。我们必然也必须要积极回应人民群众所想、所盼、所急，大力推进生态文明建设，提供更多优质生态产品，不断满足人民日益增长的优美生态环境需要。

（三）全球面临的共同挑战和共同责任

人类是命运共同体，地球是人类赖以生存的唯一家园。人类进入工业文明时代以来，传统工业化迅猛发展，在创造巨大物质财富的同时也加速了对自然资源的攫取，打破了地球生态系统原有的循环和平衡，造成人与自然关系紧张。一些西方国家相继发生多起环境公害事件，损失巨大，震惊世界，引发了人们对资本主义发展模式的深刻反思。在人类二百多年的现代化进程中，实现工业化的国家不超过 30 个、人口不超过 10 亿。20 世纪的后 40 年里，日本对外转移了 60%以上的高污染产业，美国转移出去的高污染产业占 40%左右。发达国家可以用这样的方式向世界转嫁危机，而今天的中国，已不再有类似的可能。在我们这个 14 亿多人口的最大发展中国家走基于东方智慧的生态文明之路，建成富强民主文明和谐美丽的社会主义现代化强国，其影响将是世界性的。

党的十八大关于生态文明建设的命题一经提出，就立刻受到国际瞩目。2013 年 2 月，联合国环境规划署第 27 次理事会，将来自中国的生态文明理念正式写入决议案。三年后，2016 年 5 月，联合国环境规划署发布《绿水青山就是金山银山：中国生态文明战略与行动》报告。中国的生态文明建设，被认为是对可持续发展理念的有益探索和具体实践，为其他国家应对类似的经济、环境和社会挑战提供了经验借鉴。联合国环境规划署执行主任埃里克·索尔海姆在发表的署名文章中写道："在全球环境日益恶化的当下，我们每一个人都深受其害。许多国家已经奋起迎接挑战，而在这一过程中，中国等国家的领导力至关重要。"

二、深刻理解把握我国生态环境保护发生的历史性转折性全局性变化

"窗含西岭千秋雪，门泊东吴万里船"是唐代诗人杜甫在成都留下的脍炙人口的诗句。就是说，你坐在成都的家里，透过窗户，可以看到百里之外的西岭雪山。但是这一景象好多上年纪的人都没见到过，但现在通过大气治理，千古名句现实再现，在城市遥望雪山，已经成为四川成都空气质量改善的亮丽名片。不止成都，放眼全国，好"气质"已

2022年4月19日，爱山街道新风实验小学学生展示环保主题的画作。世界地球日即将到来，浙江省湖州市吴兴区爱山街道在辖区学校开展"携手保护地球资源"主题活动，采用主题绘画、环保手工制作等方式，把绿色低碳等生态文明理念植入孩子们心中。

不是稀有品，公众的蓝天幸福感显著增强。

2013年，为百姓健康、人民福祉，党中央果断决策，被称为"大气十条"的《大气污染防治行动计划》全面实施。"大气十条"如期完成之后，2018年6月27日，国务院发布《打赢蓝天保卫战三年行动计划》，治理步伐不断提速。好空气是奋斗出来的。经过艰苦努力，中国已成为世界上治理大气污染速度最快的国家。

这一成就的取得，是党的十八大以来我国生态环境保护取得历史性成就的一个缩影。党的十八大以来，以习近平同志为核心的党中央谋划开展了一系列根本性、长远性、开创性工作，推动我国生态环境保护从认识到实践发生了历史性、转折性和全局性变化，生态文明建设取得显著成效，进入认识最深、力度最大、举措最实、推进最快，也是成效最好的时期。概括来讲，可以说是四个"前所未有"。

（一）思想认识程度之深前所未有

党的十八大以来，以习近平同志为核心的党中央对生态环境保护工作高度重视，习近平生态文明思想深入人心，绿水青山就是金山银山已经成为全社会的普遍共识，人们贯彻绿色发展理念的自觉性、主动性显著增强，忽视生态环境保护的状况明显改变。越来越多的地方把加强环境保护作为机遇和重要抓手，下决心解决产业、能源、交通等问题，着力拓展新的发展空间、提升经济发展质量和城市竞争力。越来越多的企业认识到加强环境保护符合自身长远利益，努力在环保标准提升中提高效益。保护环境、人人有责的观念逐步深入人心，绿色消费、共享经济快速发展，全社会关心环境、参与环保的行动更加自觉。今天，在百姓的话语体系中，"绿色"往往意味着品质；在百姓的生活中，"环保"已然成为风尚。生态文明正在化作人们头脑观念里自然而然的反应、生活方式中顺理成章的选择。这样一个思想共识是我们打好污染防治攻坚战

根本的思想保证，也是一个一系列生态文明制度能够得到更好履行的重
要思想基础。

（二）措施之实前所未有

我国发布实施了三个"十条"，也就是大气、水、土壤污染防治三
大行动计划，在这个基础上，2018 年启动了蓝天、碧水、净土保卫战，
多项前所未有的改革攻坚举措连续推出。比如说，我们对 9.5 亿千瓦的
燃煤发电机组进行了改造，建成了全世界最大的清洁发电体系。我们对
京津冀及周边地区、汾渭平原开展了冬季清洁取暖的散煤替代，完成了
2500 多万户。我们还开展了蓝天保卫战重点地区的监督帮扶，共交办
地方各类问题 27.2 万个。在打好碧水保卫战方面，通过各方面的努力，

2021 年 4 月 25 日拍摄的漓江广西阳朔段。

全国地级及以上城市建成区黑臭水体的消除比例达到了 98.2%。我们完成了县级及以上城市集中饮用水水源地 1 万多个问题的整改，也完成了 1 万多个农村水源地的保护区划定。我们还完成了 15 万个建制村农村环境的综合整治。在推进净土保卫战方面，我们完成农用地土壤污染状况详查，并且推动了成果的应用，也就是污染耕地的安全利用。我们还开展了重点行业企业用地土壤污染状况调查，土壤污染的风险得到了基本管控。我国能源消费结构也发生积极变化，成为世界利用新能源、可再生能源第一大国。

（三）制度出台频度之密前所未有

2015 年 4 月，中共中央、国务院印发《关于加快推进生态文明建设的意见》，明确了生态文明建设的总体要求、主要目标、重点任务等。同年 9 月，《生态文明体制改革总体方案》发布。全面推进构建八项重要制度：自然资源资产产权制度、国土空间开发保护制度、空间规划体系、资源总量管理和全面节约制度、资源有偿使用和生态补偿制度、环境治理体系、环境治理和生态保护市场体系、生态文明绩效评价考核和责任追究制度。一大批具有标志性、支柱性的改革举措陆续推出，"四梁八柱"性质的制度体系不断完善。

生态文明体制改革也成效显著。2018 年 3 月，全国人大审议通过了国务院机构改革方案，明确把环境保护部的全部职责和其他六个部门相关的职责整合到一起，组建新的生态环境部，统一行使生态和城乡各类污染排放监管与行政执法职责。这次组建新的生态环境部将分散在农业、海洋、水利等个部门的职责归拢到一起。实现"五个打通"：第一，打通了地上与地下；第二，打通了岸上与水里；第三，打通了陆地和海洋；第四，打通了城市和农村；第五，打通了一氧化碳和二氧化碳，即大气污染防治和气候变化应对。这充分体现了习近平生态文明思想，体

近年来，西宁市加速全域增绿增景，着力建设美丽山水公园城市，推动生态文明建设。

现了统筹山水林田湖草系统治理的整体系统观，实现了所有者和监管者
分开，相互独立、相互配合、相互监督的要求。

（四）监管执法尺度之严前所未有

党的十八大以来，环境保护法、大气污染防治法、水污染防治
法、环境影响评价法、环境保护税法、核安全法等多部法律相继完成
制修订。尤其是 2015 年 1 月 1 日开始实施的新环保法，被称为"史上
最严"，突破性地明确了按日连续处罚等重要执法手段，降低了环境
污染入刑门槛。习近平总书记明确强调，要"像保护眼睛一样保护生
态环境，像对待生命一样对待生态环境，坚决摒弃损害甚至破坏生态
环境的发展模式，坚决摒弃以牺牲生态环境换取一时一地经济增长的

做法"①。

　　2015 年 7 月，中央全面深化改革领导小组第十四次会议审议通过《环境保护督察方案（试行）》。中央环保督察用不到两年时间，对全国31 个省区市存在的环境问题进行了一次全覆盖式的督察。2018 年，中央环保督察组又对 20 个省区市开展"回头看"。环境监察执法机制的完善，破除了违法排污企业的"地方保护伞"。生态环境部抽调全国环境监察骨干力量异地执法，统一调度指挥，开展精细排查，及时交办问题，大量"散乱污"企业被关停整治。

　　对损害生态环境行为的问责，一追到底。《党政领导干部生态环境损害责任追究办法（试行）》立下铁规：实行生态环境损害责任终身追究制。秦岭违建别墅问题、祁连山系列环境污染案给所有漠视生态环境保护的领导干部敲响了警钟。发展成果考核评价体系的"指挥棒"，加大了资源消耗、环境损害、生态效益等指标的权重，不再简单地"以GDP 论英雄"。对各级领导干部的审计，已从以往"审钱"的经济责任审计，拓展到"审绿"的生态环境审计。

　　我国在解决国内环境问题的同时，也积极参与全球环境治理。奋进在绿色发展之路上的中国，被国际社会普遍视为"全球生态文明建设的重要参与者、贡献者、引领者"。越来越多的国际社会成员开始支持我国禁止洋垃圾进口的改革，在 2019 年巴塞尔公约缔约方大会谈判中，180 多个缔约方一致同意各国有权根据自身情况决定是否禁止进口废塑料，标志着全球对加强塑料废物管控达成共识。中国的绿色追求给世界留下越来越多的"绿色足迹"。能让长颈鹿"昂首通行"的肯尼亚蒙内铁路、"油改电"的斯里兰卡科伦坡集装箱码头、光伏板下可以长草种瓜的巴基斯坦旁遮普太阳能电站……中国将共同保护地球的理念，落实

---

　　① 习近平：《论坚持人与自然和谐共生》，中央文献出版社 2022 年版，第 168 页。

到一个又一个中外合作项目中。中国的防沙治沙"药方",为蒙古国治理荒漠化带来希望;中国的节能改造项目,让哈萨克斯坦的奇姆肯特炼油厂焕发新生。特别是中国的菌草种植技术,为巴布亚新几内亚、中非共和国、斐济、老挝、莱索托等 100 多个国家创造了绿色就业机会。中国的绿色追求展现出勇于担当的天下情怀。

三、为早日建成美丽中国而努力奋斗

生态环境修复和改善,是一个需要付出长期艰苦努力的过程,不可能一蹴而就。我国生态环境保护结构性、根源性、趋势性压力总体上尚未根本缓解,重点区域、重点行业污染问题仍然突出,实现碳达峰、碳中和任务艰巨,生态环境保护任重道远。习近平总书记强调,"要深入打好污染防治攻坚战"[1],"巩固污染防治攻坚成果,坚持精准治污、科学治污、依法治污,以更高标准打好蓝天、碧水、净土保卫战,以高水平保护推动高质量发展、创造高品质生活,努力建设人与自然和谐共生的美丽中国"[2]。

(一)完整、准确、全面贯彻新发展理念

我们要坚持以习近平新时代中国特色社会主义思想为指导,深入贯彻习近平生态文明思想,坚持以人民为中心的发展思想,立足新发展阶段,构建新发展格局,以实现减污降碳协同增效为总抓手,以改善生态环境质量为核心,以精准治污、科学治污、依法治污为工作方针,统筹

---

[1] 习近平:《论坚持人与自然和谐共生》,中央文献出版社 2022 年版,第 283 页。
[2] 习近平:《论坚持人与自然和谐共生》,中央文献出版社 2022 年版,第 55 页。

污染治理、生态保护、应对气候变化，保持力度、延伸深度、拓宽广度，以更高标准打好蓝天、碧水、净土保卫战，以高水平保护推动高质量发展、创造高品质生活，努力建设人与自然和谐共生的美丽中国。要坚持方向不变、力度不减。保持战略定力，坚定不移走生态优先、绿色发展之路，巩固拓展"十三五"时期污染防治攻坚成果，继续打好一批标志性战役，接续攻坚、久久为功。要坚持问题导向、环保为民。把人民群众反映强烈的突出生态环境问题摆上重要议事日程，不断加以解决，增强广大人民群众的获得感、幸福感、安全感，以生态环境保护实际成效取信于民。要坚持精准科学、依法治污。遵循客观规律，抓住主要矛盾和矛盾的主要方面，因地制宜、科学施策，落实最严格制度，加强全过程监管，提高污染治理的针对性、科学性、有效性。要坚持系统观念、协同增效。推进山水林田湖草沙一体化保护和修复，强化多污染物协同控制和区域协同治理，注重综合治理、系统治理、源头治理，保障国家重大战略实施。要坚持改革引领、创新驱动。深入推进生态文明体制改革，完善生态环境保护领导体制和工作机制，加大技术、政策、管理创新力度，加快构建现代环境治理体系。

（二）全面提高生态环境治理体系和治理能力现代化水平

生态环境治理是系统工程，需要综合运用行政、市场、法治、科技等多种手段。《中共中央　国务院关于深入打好污染防治攻坚战的意见》从七个方面明确了提高生态环境治理现代化水平的重点任务：一是全面强化生态环境法治保障，在法治轨道上推进生态环境治理；二是健全生态环境经济政策，实施有利于绿色发展的政策措施；三是完善生态环境资金投入机制，把生态环境资金投入作为基础性、战略性投入予以重点保障；四是实施环境基础设施补短板行动，构建一体化的环境基础设施体系；五是提升生态环境监管执法效能，加强全过程监管；六是建立完善现代化生态环境监测体系，实现环境质量、生态质量、污染源监测全覆盖；七是构建服务型科技创新体系，加强生态环境科技成果转化服务。

（三）在重点区域、重点领域、关键指标上实现新突破

我们要在总结拓展"十三五"污染防治攻坚战经验做法的基础上，根据"十四五"新任务新要求，保持力度、延伸深度、拓宽广度，以更高标准打好蓝天、碧水、净土保卫战，继续实施一批标志性战役，接续攻坚、久久为功。

一是深入打好蓝天保卫战。聚焦秋冬季细颗粒物（PM$_{2.5}$）污染，加大重点区域、重点行业结构调整和污染治理力度，着力打好重污染天气消除攻坚战。聚焦夏秋季臭氧污染，大力推进挥发性有机物和氮氧化物协同减排，着力打好臭氧污染防治攻坚战。深入实施清洁柴油车（机）行动，加快大宗货物和中长途货物运输"公转铁""公转水"，持续打好柴油货车污染治理攻坚战。加强大气面源和噪声污染治理，加快解决群众关心的涉气环境问题。

二是深入打好碧水保卫战。统筹好上下游、左右岸、干支流、城市和乡村，持续打好城市黑臭水体治理攻坚战。推动长江全流域按单元精细化管控，持续打好长江保护修复攻坚战。全面落实以水定城、以水定地、以水定人、以水定产要求，着力打好黄河生态保护治理攻坚战。巩固提升饮用水安全保障水平，保障南水北调等重大输水工程水质安全。突出渤海、长江口—杭州湾、珠江口邻近海域，着力打好重点海域综合治理攻坚战。强化陆域海域污染协同治理，建成一批美丽河湖、美丽海湾。

三是深入打好净土保卫战。改善农村人居环境，强化农业面源污染治理，持续打好农业农村污染治理攻坚战。深入推进农用地土壤污染防

近年来，广西壮族自治区生态文明建设成果喜人，八桂大地一年四季生机盎然，山川处处景象宜人。图为广西都安瑶族自治县高岭镇境内的乡村风貌（2021 年 8 月 31 日摄，无人机照片）。

治和安全利用，保障农产品质量安全。有效管控建设用地土壤污染风险，保障人居环境健康。稳步推进"无废城市"建设，推进城市固体废物精细化管理。加强新污染物治理，强化源头准入和环境风险管控。强化地下水污染协同防治，实施水土环境风险协同防控。

此外，还要加快推动绿色低碳发展。绿色低碳发展是构建高质量经济体系的必然要求，是解决污染问题的根本之策。《中共中央　国务院关于深入打好污染防治攻坚战的意见》聚焦减污降碳协同效应明显的重点行业和领域，从七个方面明确了推动绿色低碳发展的重点任务：一是深入推进碳达峰行动，落实 2030 年应对气候变化国家自主贡献目标，支持有条件的地方和重点行业、重点企业率先达峰；二是聚焦国家重大战略，打造绿色发展高地；三是推动能源清洁低碳转型，加快煤炭减量步伐，实施可再生能源替代行动；四是坚决遏制高耗能高排放项目盲目发展，对不符合规定的项目坚决停批停建；五是推进清洁生产和能源资源节约高效利用；六是加强生态环境分区管控，推进"三线一单"成果应用；七是加快形成绿色低碳生活方式，深入开展绿色生活创建行动。

第十二章 永远不能丢的命根子

——坚持和完善党对人民军队的绝对领导制度

　　1927 年 10 月 15 日晚，炎陵县水口镇的一间破旧的小阁楼上，6 名新党员神情肃穆，毛泽东举起右拳亲自领誓。洪亮、庄严的声音，久久回荡。"三湾改编"中，毛泽东来到一个连队，亲自在该连建立党支部，发展了 6 名党员，这是全军的第一个连队党支部。近年来，这个连队再次成为"网红"，数十家媒体争相报道第 83 集团军某旅"红一连"的先进事迹。90 多年来，这个连队先后 300 多次作战大获全胜，赢得"百战百胜"称号；先后 8 次被表彰为全国全军"先进基层党组织"，被中央军委授予"党支部建设模范连"荣誉称号。近年来，圆满完成了 4 次实兵对抗演习、2 次国际维和任务、6 次抢险救灾任务，40 多人次在旅以上比武竞赛中摘金夺银……2021 年 7 月 27 日，中共中央宣传部决定授予"红一连""时代楷模"称号，号召全社会向他们学习！如此优秀的成绩背后，反映着什么样的力量？

　　血与火的斗争，熔铸建军之本；生与死的考验，磨砺强军之魂。人民军队是党亲手缔造的，党指挥枪是人民军队从小到大、从弱到强、从胜利走向胜利的成功秘诀。党的十九届四中全会把党对人民军队的绝对领导制度，作为中国特色社会主义的根本制度确定下来，具有"压舱石"的重大意义。这一制度，从根本上确保人民军队忠实履行新时代使命任务，确保党的长期执政、国家长治久安和事业兴旺发达。

一、坚持党对军队绝对领导，保证了人民军队性质宗旨本色不变

1934 年 10 月出发时，中央红军长征队伍中共有 12 位师长，平均年龄 27.5 岁。长征结束时，这 12 位师长 3 死 9 伤，其中洪超和陈树湘牺牲时连张照片都没有留下。在平均每行进一千米就有三四名官兵献出生命的征途上，是什么力量使红军将士置生死于不顾，创造了"人类有文字记载以来最令人振奋的大无畏事迹"？很多年后，邓小平的女儿曾问父亲，长征是怎么走过来的？回答只有三个字："跟着走！"简洁而深刻，直指党指挥枪背后的信仰和力量。

党对人民军队的绝对领导，是我军的命脉和灵魂，事关军队的性质宗旨和方向前途。正是因为始终坚持党对人民军队的绝对领导，我们这支军队始终听党话、跟党走，不管什么人、采取什么手段，想拉拢军队脱离党，都不会得逞。不少外国学者对我军历史上这样一种现象非常着迷，并将之归纳成"三大魔力"：一是我军成建制的部队从来没有一支被策反、被拉走。1935 年 6 月，红一、四方面军会师后，张国焘自恃枪多势众，妄图拉走部队，另立"中央"，最终以失败告终，叛逃时连警卫员都拒绝跟他走。二是我们党内出现的野心家篡夺军权的阴谋没有一次得逞。"文化大革命"时期，林彪即使身为"副统帅"，其篡权阴谋和企图也被挫败，只得仓皇出逃，最终折戟沉沙。三是在重大政治关头，我军总是与党中央在政治上保持高度一致。1989 年春夏之交，我军历经重重考验，出色完成了维稳任务。邓小平在接见首都戒严部队军以上干部时指出："处理这件事对我们军队是一次很严峻的政治考验，

实践证明，我们的解放军考试合格。"①

确保党对军队绝对领导，有赖于人民军队高度的思想自觉，更有赖于严密的制度保证。长期以来，我们党探索坚持党指挥枪，逐步完善形成了一整套坚持党对军队绝对领导的根本原则和制度。这些制度主要包括：军队的最高领导权和指挥权属于党中央和中央军委，军委实行主席负责制；实行党委制、政治委员制、政治机关制；实行党委统一的集体领导下的首长分工负责制；实行支部建在连上。这套严密的制度体系，规定和保证了坚持党的领导的唯一性、彻底性和无条件性，体现出系统成熟的政治设计，是科学完备的治军之道。无论战争形态怎么演变、军队建设内外环境怎么变化、军队组织形态怎么调整，党对军队绝对领导的一整套制度始终闪耀着科学的真理之光。新形势下，习主席把坚持党对军队绝对领导作为国防和军队建设的基本经验，作为党和人民对军队的根本政治要求，作为保证我们党长期执政、国家长治久安的根本法宝，进一步上升到强军之魂的高度加以强调，丰富和升华了我军建军治军的根本原则，为坚持党对军队绝对领导赋予了新的时代内涵。

2022年，在中国人民解放军建军95周年之际，中央军委组织评选颁授"八一勋章"，产生杜富国、钱七虎、聂海胜3名提名人选。2018年10月11日，杜富国在进行排雷作业时，面对一枚局部露出地面的加重手榴弹，他对同组战友喊出"你退后，让我来"，在进一步查明情况时突遇爆炸，生死瞬间他扑向战友一侧，遮挡住爆炸冲击波和弹片，自己永远失去了双手双眼。钱七虎以优异成绩从国外军事工程学院毕业，怀揣许党报国的坚定信念，回国投身现代防护工程建设事业50余年，建立从浅埋工程到深埋工程防护、从单体工程到工程体系防护、从常规

---

① 《邓小平文选》第三卷，人民出版社1993年版，第303页。

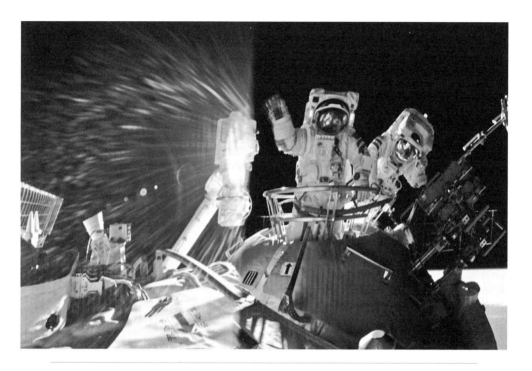

2020 年 8 月 20 日，聂海胜、刘伯明在出舱任务结束后挥手示意。

抗力到超高抗力防护等学术理论与技术体系，为我国防护工程发展作出巨大贡献。聂海胜"三刷"太空，执行了神舟六号、神舟十号和神舟十二号载人飞行任务，实现中国人首次进入自己的空间站，成为首位在轨 100 天的中国航天员。3 名"八一勋章"提名人选是数千万人民解放军的缩影，在寸土必争的边防线、挥汗如雨的训练场、抗疫抗洪的斗争一线，还有无数的人民子弟兵默默付出。正是因为始终坚持和完善党对人民军队的绝对领导制度，人民军队听令景从、动若风发，听党话、跟党走已深深融入官兵的血脉，成为人民军队永远不变的军魂和最鲜亮的底色。

二、坚持党对军队绝对领导，保证了人民军队从胜利走向胜利

90 多年来，中国共产党领导的人民军队，从产生到壮大，在中国革命、建设、改革的发展历程中，肩负着近代以来中国人民争取民族独立、人民解放和国家富强、人民富裕的历史任务，抛头颅，洒热血，披荆斩棘，奋力前行，从胜利走向胜利，书写了一个又一个辉煌。而在辉煌取得的背后，始终离不开党对人民军队的绝对领导。

红军长征过草地的时候，有这样一个历史细节：伙夫同志一起床，不问今天有没有米煮饭，却先问向南走还是向北走。了解长征历史的人都清楚，这个"向南走还是向北走"，绝不是军事战术问题，而是事关方向的问题，① 是党对军队绝对领导在红军队伍里的集中体现。方向决定道路，道路决定命运。回顾人民军队历史，从世所罕见的长征取得胜利，到以"小米加步枪"战胜美式装备的国民党军队，从在朝鲜战场打败武装到牙齿的对手，到胜利进行多次边境自卫作战，人民军队之所以能够屡屡以劣势装备战胜强敌，成为一支拖不垮、打不烂、攻无不克、战无不胜的钢铁雄师，最根本的是靠党的坚强领导。习主席强调："有了中国共产党，有了中国共产党的坚强领导，人民军队前进就有方向、有力量。"② 在风雨如磐的漫长革命道路上，我军将士讲得最多的一句话是：只要跟党走，一定能胜利。正是这种对党的绝对忠诚，造就了人民军队对党的赤胆忠心，造就了人民军队和人民的鱼水情意，造就了人民军队为党和人民冲锋陷阵的坚定意志。

---

① 参见王家辉：《由伙夫问方向谈对党忠诚》，《解放军报》2021 年 4 月 8 日。

② 习近平：《在庆祝中国人民解放军建军 90 周年大会上的讲话》，人民出版社 2017 年版，第 7 页。

　　"解放军来了！"这声饱含希望的呼喊如此熟悉，让人联想起手挽手直面汹涌洪水的钢铁人墙、矗立在地震废墟中的猎猎军旗，步履匆匆穿梭于隔离病房的白衣战士……1998年抗洪抢险、2003年抗击非典、2008年汶川抗震救灾，每一次重大灾难面前，哪里有危险，哪里就有革命军人的身影；党指向哪里，人民军队就战斗在哪里。面对突如其来的新冠疫情，习主席向人民军队发出为打赢疫情防控阻击战作贡献的"冲锋号令"。统帅一声令下，全军迅即行动。来自各军兵种共4000多名医务人员列阵武汉，奋力打好疫情防控阻击战。全军63所定点收治医院开设收治床位近3000张，1万余名医务人员奋战在救治一线，不畏艰险，顽强拼搏，用生命拯救生命。在科研攻关一线，军队科研机构在检测溯源、防控救治、药物研发等方面抓紧攻关，打响疫情防控应急

起飞，在人民最需要的时刻——中部战区空军航空兵某团支援湖北抗疫。

科研的攻坚战，竭尽全力与病毒赛跑，拿出具有自主知识产权的硬核产品。在运输投送一线，全军运输投送系统上下联动，多地协同，驻鄂部队成立抗击疫情汽车运力支援队，担负武汉市生活物资的网点运输保障任务。

"危急时刻，身穿军装，我们不上谁上！""祖国和人民需要我，就算死也有意义！""守住阵地、守住战位，就是对党和人民的忠诚。""清澈的爱，只为中国。"铮铮誓言的背后，是根植于官兵血脉深处的军魂。实践证明，党对军队的绝对领导是党和国家的重要政治优势，是人民军队的建军之本、强军之魂。党旗所指之处，即是人民军队奋进的方向。在党的领导下，人民军队在风雨中书写辉煌，在磨练中创造荣光！

2021 年 2 月 25 日，全国脱贫攻坚总结表彰大会隆重召开，同一天下午在北京朝阳区太阳宫北街 1 号，"国务院扶贫开发领导小组"的牌子永久性摘下，"国家乡村振兴局"的牌子正式挂上。机构更迭的背后，是我国脱贫攻坚战取得全面胜利、全面建成小康社会取得伟大历史成果的重要标志，充分彰显了党领导和中国特色社会主义制度的显著优势。

坚持党指挥枪作为我国国家制度和国家治理体系的一个显著优势，确保了人民军队绝对忠诚于党和人民。我军作为党绝对领导下的人民军队，以强烈的历史使命感责任感为国兴利、为民造福，以打仗的姿态投身脱贫攻坚战场。聚焦贫困地区定点帮扶，以国家扶贫开发工作重点县的贫困乡村为主要对象，突出革命老区、民族地区、边疆地区、连片特困地区。推进教育扶贫，通过援建校舍、捐资助学、校外辅导等多种方式，积淀形成了"八一"助学工程、"蓝天春蕾计划"、"砺剑助学行动"等特色品牌；搞好医疗扶持，军队 74 所医院对口帮扶 113 所贫困县县级医院，常态开展"服务百姓健康行""人民军医老区行"

等活动。① 党的十八大以来，全军部队坚决贯彻党中央、中央军委和习主席决策部署，积极参与脱贫攻坚行动，奏响了军民鱼水情深的时代新篇。各级共定点帮扶 4100 个贫困村、29.3 万户贫困户、92.4 万名贫困群众，成为脱贫攻坚特殊战场上的一支重要力量。召之即来、来之能战、战之必胜，可以想见，在乘势而上开启全面建设社会主义现代化国家、推动人民实现共同富裕的新征程上，人民军队必将在党的绝对领导下，不辱使命、不负重托，为党旗、军旗增光添彩。

人民军队从胜利走向胜利的故事启示我们：在党的坚强领导下，人

武警四川总队助力 38 个帮扶村，谱写乡村振兴新篇。

---

① 参见中国国防部：《人民军队成为脱贫攻坚特殊战场上的一支重要力量》，国防部网，2021 年 3 月 8 日。

民军队军魂不变、本色不改，敢打硬仗、善打胜仗，始终是党和人民完全可以信赖的英雄信赖的英雄人民军队。前进道路上，必须坚持党对军队绝对领导的根本原则和制度，全面深入贯彻军委主席负责制，坚持用党的创新理论铸魂育人，确保绝对忠诚、绝对纯洁、绝对可靠，始终做到在思想上政治上行动上同党中央、中央军委和习主席保持高度一致，一切行动听从党中央、中央军委和习主席的指挥。

三、坚持党对军队绝对领导，保证了党和国家长治久安

军队是维护国家安全的坚强柱石和钢铁长城，关乎国家的安全和稳定。马克思主义认为，任何军队作为国家机器的组成部分，都是执行政治任务的武装集团。① 资本主义国家军队在具体军事领导制度上各有不同，但万变不离其宗的是资产阶级领导。冷战结束以来，有的资本主义国家当权者无视国内人民反对，频频对外穷兵黩武，充分暴露了其军队的政治本质。我国是工人阶级领导的、以工农联盟为基础的人民民主专政的社会主义国家，中国共产党是中国特色社会主义事业的领导核心。我军由党绝对领导，是党的军队、人民的军队、社会主义国家的军队，保证了军队始终是人民民主专政的坚强柱石，永远做国家安全、社会稳定、人民福祉的坚定捍卫者。

抗美援朝战争中有一个著名的釜谷里战斗。当时我志愿军一个连坚守一个高地，先后打退敌人6次进攻，连队83人只剩下7个人。傍晚，敌人组织8辆坦克和1个营的兵力发起最后一次冲锋。我军子弹、手榴

---

① 转引自闵仕君、邵东亮：《全面贯彻党对军队绝对领导的根本原则和制度》，《解放军报》2018年5月25日。

弹都打光了。这时，司号员郑起看到身边的军号，拿起来就吹响了冲锋号。敌人听见号声惊呆了，以至于忘记向距离他们 10 米远的号手射击，出人意料地调头溃逃。当时的"联合国军"总司令李奇微在他的回忆录中写道："这是一种铜制的乐器，能发出一种特别刺耳的声音，在战场上它仿佛是非洲的女巫，只要它一响起，共产党的军队就如同着了魔法一般，全部不要命地扑向我军，每当这时，我军总被打得如潮水般溃退。"①一把小小的军号之所以会产生如此神奇魔力，在于我们这支人民军队把听党指挥、报效国家融入血脉。一支军队有了"主心骨""定星盘"，就能保持蓬勃的生机和活力，焕发承载历史重任的无穷力量，催生保家卫国的强大战斗力。

2020 年 6 月 15 日，面对数倍于己的外军，13 次与死神擦肩而过

2021 年 8 月 7 日，祁发宝在加勒万河谷执勤时的留影。

---

① 转引自平言:《没有英雄气，祛不了"和平病"》,《解放军报》2018 年 9 月 13 日。

的"英雄团长"祁发宝，面对来犯之敌，他英勇张开双臂，守护祖国山河；营长陈红军和战士陈祥榕、肖思远毫不畏惧、英勇战斗，直至壮烈牺牲；战士王焯冉在渡河前出支援途中，为救战友牺牲。"团长顶在最前面阻挡外军，营长救团长、战士救营长、班长救战士。"前赴后继的身影中，中国军人筑牢了铁一样的边防。从朝鲜到我国西藏，从釜谷里到加勒万，横跨近 70 年，正是因为始终坚持党指挥枪的原则，使人民军队真正成为捍卫国家、民族和人民利益的坚强柱石，为保护党和国家长治久安履行义不容辞的神圣职责。

新时代，人民军队在党中央、中央军委和习主席领导下，坚决履行党和人民赋予的使命任务。严密防范各类蚕食、渗透、破坏和袭扰活动，维护边防安全稳定；坚决应对海上安全威胁和侵权挑衅行为，有效处置各种空中安全威胁和突发情况，组织舰机"绕岛巡航"，对"台独"分裂势力形成强大威慑；高标准遂行战备（战斗）值班、巡逻执勤

2015 年 3 月 29 日，中国海军第十九批护航编队临沂舰抵达也门亚丁港展开撤侨任务。

等任务，持续兴起实战化军事训练热潮；有效维护核、太空、网络空间等重大安全领域利益；坚决反对一切形式的恐怖主义、极端主义，坚决遂行反恐维稳；建立吉布提保障基地，实施海上护航，维护海上战略通道安全，遂行海外撤侨、海上维权等行动，维护了海外利益；积极参加抢险救灾，参加国家建设事业、保卫人民和平劳动；成为"最美逆行者"，斗争在抗疫一线，着力为巩固中国共产党领导和社会主义制度提供战略支撑，为捍卫国家主权、统一、领土完整提供战略支撑，为维护国家海外利益提供战略支撑，为促进世界和平与发展提供战略支撑。

党对军队的绝对领导是党执政的坚强柱石，是中国特色社会主义的强大根基，是中华民族伟大复兴的战略支撑，是党和国家的最大优势，也是敌对势力颠覆中国特色社会主义、必欲除之而后快的最大障碍。他们把人民军队作为渗透破坏的重点目标，加紧实施"文化冷战"和"政治转基因"工程，妄图把我军从党的旗帜下拉出去。2021 年 2 月 1 日，缅甸军方扣押了总统温敏、国务资政昂山素季及一些民盟高级官员，导致缅甸陷入全国性内乱，伤亡者众。缅甸国防军和"人民防卫军"、抗议民众在缅甸多地爆发暴力冲突，缅甸多支少数民族地方武装也发生激烈反抗，导致缅甸深陷严重内外困境。这启示我们，在对军队的领导、指挥和掌控上绝对不能含糊、妥协。兵者，国之大重，死生之地，存亡之道，不可不察。

新时代，习主席领导全军砥砺奋进，党对军队的绝对领导不断在正本清源中强化。从扎实推进"三严三实"专题教育、"两学一做"学习教育、"传承红色基因、担当强军重任"主题教育、"不忘初心、牢记使命"主题教育，到召开中央军委党的建设会议；从全面彻底肃清郭伯雄、徐才厚流毒影响，到深入开展干部工作大检查、财务工作大清查等专项清理整治……全军上下在统一思想中强化政治引领，在回归初心中增强使命担当，在革除积弊中提振军心士气，理想信念更加坚定，党性原则越来越强，聚焦打仗导向鲜明，一个正本清源、聚力强军、革弊鼎新、重塑威信的政治生态正在形成，党对军队的绝对领导更加坚强巩固。党的十九届六中全会通过的《中共中央关于党的百年奋斗重大成就和历史经验的决议》指出："建设强大人民军队，首要的是毫不动摇坚持党对人民军队绝对领导的根本原则和制度。"这表明我们党将继续以"执政必执军"的强大定力，坚持党对人民军队绝对领导的根本原则和制度不动摇。我们必须继续丰富和完善党对人民军队绝对领导的实现形式，确保军事力量建设和运用更好应对前进中的风险挑战，更好服从服务于中华民族伟大复兴这个最高利益和根本利益，为实现中国梦强军梦担当起党和人民赋予的新时代使命任务，引领人民军队书写新时代强国强军事业的壮丽篇章。

第十三章　实现祖国和平统一的伟大构想

——坚持和完善"一国两制"制度体系

　　2014 年 9 月 26 日，习近平总书记在人民大会堂亲切会见了台湾和平统一团体联合参访团。习近平总书记指出："'和平统一、一国两制'是我们解决台湾问题的基本方针，我们认为，这也是实现国家统一的最佳方式。我们将以最大诚意、尽最大努力争取和平统一的前景，因为以和平的方式实现统一最符合包括台湾同胞在内的中华民族的整体利益。"[①] 在这次讲话中，习近平总书记连续使用了"三个最"，恳切表达中国共产党和中国政府坚持"一国两制"基本构想、推动实现祖国和平统一的真诚态度与坚定自信。

　　"一国两制"是党领导人民实现祖国和平统一的一项重要制度，是中国特色社会主义的一个伟大创举。"一国两制"构想起初为解决台湾问题而提出，但却首先在香港、澳门主权回归与治理实践中获得成功。党的第十九届四中全会把"一国两制"作为国家制度和国家治理体系的 13 个显著优势之一，并对坚持和完善"一国两制"制度体系作出系统制度设计和工作部署。党的十九届六中全会通过的《中共中央关于党的

---

　　① 《习近平总书记会见台湾和平统一团体联合参访团》，《人民日报》2014 年 9 月 27 日。

百年奋斗重大成就和历史经验的决议》总结了中国共产党坚持"一国两制"、推进祖国统一的历史经验，提出了新时代党解决台湾问题的总体方略。全面准确、坚定不移贯彻"一国两制"方针，坚持和完善"一国两制"制度体系，是保持香港、澳门长期繁荣稳定的根本保证，也是解决台湾问题、实现祖国统一的必由之路。

一、全体中华儿女的共同愿望

你可知"MACAU"，

不是我真姓？

我离开你太久了，母亲！

但是他们掳去的是我的肉体，

你依然保管我内心的灵魂。

……

这是《七子之歌·澳门》的感人诗句。1925 年 3 月，近代爱国主义诗人闻一多在美国留学期间，用拟人化的手法，把中国的澳门、香港、台湾、威海卫、广州湾、九龙岛、旅顺和大连等七个被列强侵占的地方，比作祖国母亲被夺走的七个孩子，让他们来倾诉"失养于祖国、受虐于异类"的悲哀之情，"以抒其孤苦亡告，眷怀祖国之哀忧"，从而让民众从漠然中警醒，振兴中华，收复失地。

近代以来，中国经历了长达百余年的国破山河碎、同胞遭蹂躏的悲惨历史，所有中华儿女对此刻骨铭心。抗日战争胜利后，1945 年 10 月 25 日，中国政府依法光复台湾，但不久发生的国共内战，又使两岸陷入敌对和隔离状态。

1964 年 11 月 10 日，国民党元老于右任在台北荣民总医院与世长辞，终年 86 岁。于右任没有留下任何遗言，却留下了著名的《望大陆》诗篇：

> 葬我于高山之上兮，望我故乡；
> 故乡不可见兮，永不能忘。
> 葬我于高山之上兮，望我大陆；
> 大陆不可见兮，只有痛哭。
> 天苍苍，野茫茫；
> 山之上，国有殇！

于右任诗篇的字里行间，渗透着对故乡、故土的思念和家国情怀，反映了全体中华儿女共同的伤痛。

港澳台同胞与祖国人民骨肉相接、血浓于水。早日让港澳回归祖国怀抱，结束两岸政治敌对，实现祖国完全统一，进而实现中华民族伟大复兴，已经深深熔铸进了中华民族的历史意识，成为全体中国人民坚如磐石

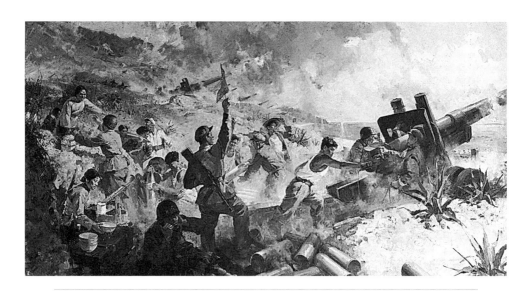

炮击金门（油画）。韩柯、彭彬作。

的共同追求。为了实现这个目标，中国共产党进行了长期艰苦的努力。

港澳台与祖国的分离，是近代以来西方列强入侵和干涉的结果。实现国家统一首先必须粉碎西方国家的干扰破坏。比如，在台湾问题上，1958 年 8 月，毛泽东决定发起炮击金门作战，粉碎了美国企图"划峡而治""两个中国"的图谋。在港澳问题上，1972 年 11 月，我国重返联合国不久，就推动联合国通过决议，把香港、澳门从殖民地名单中删除，从国际法上确认了中国对香港、澳门的主权，避免了港澳问题国际化，从而排除了外国插手港澳问题的可能性。

祖国的赤待相等和无私帮助，赢得了港澳台同胞的广泛认同。我们着眼全民族利益，释放出最大诚意，提出"和为贵""爱国一家、爱国不分先后"的方针政策，提出和平解决台湾问题的主张，连续发表多份《告台湾同胞书》，争取岛内民众的理解和支持；我们全力保障香港、澳门所需要物质和淡水供应。那时，内地的经济也十分困难，周恩来说："各地凡是有可能，对港澳的供应都要负担一些，不能后退。"[①] 从1962年起，内地除了大年初一之外，每天向港澳开出三趟特快列车，即使在"文化大革命"期间也未间断。据不完全统计，三趟快车每天为香港供应活猪、活牛、活禽、冻肉、水产品、瓜果蔬菜等，保障了香港 90%以上的鲜活冷冻食品供应。1963 年年底，中央财政拨款 3800 万元，建设东江—深圳供水工程，着眼长远解决香港的用水困难，保障了香港 80%的用水。

这一时期，我们作出了种种努力，让港澳台同祖国人心更紧了、联系更多了，为祖国统一提供了有利的政治条件和民意基础；我们探索了解决台湾问题的各种方式，为和平统一方针政策的形成创造了条件。但由于国内外环境的影响，统一的时机尚未成熟，祖国统一大业尚未实现。

---

① 中国革命博物馆党史研究室编：《共和国重大历史事件述实》，人民出版社 1999 年版，第 303 页。

二、体现中国智慧的伟大构想

"一国两制"的科学构想，是中共中央在关于和平解决台湾问题设想的基础上，依据改革开放新时期新形势新任务的需要，加以发展和完善，赋予新的内容，并进行理论化抽象后形成的具有中国特色的创造性构想。

"一国两制"构想的提出，最初是为了解决台湾问题。

1979 年 1 月 1 日，经过长期谈判，中美正式建立了外交关系。同一天，全国人大常委会发表《告台湾同胞书》，郑重宣告了中国政府和平解决台湾问题的大政方针，呼吁两岸就结束军事对峙状态进行商谈，表示在实现国家统一时，一定"尊重台湾现状和台湾各界人士的意见，采取合情合理的政策和办法"。

随后，邓小平在会见美国时代出版公司总编辑多诺万时谈到了对台政策构想。他说："我们尊重台湾的现实，台湾当局作为一个地方政府拥有它自己的权力，就是它可以有自己一定的军队，同外国的贸易、商业关系可以继续，民间交往可以继续，现行的政策、现在的生活方式可以不变，但必须是在一个中国的条件下。这个问题可以长期来解决。中国的主体，也就是大陆，也会发生变化，也会发展起来。总的要求就是一条，一个中国，不是两个中国，爱国一家。"①

1979 年 1 月 29 日至 2 月 5 日，邓小平应美国总统卡特的邀请，到美国进行正式访问。在会见美国国会议员时，邓小平强调：台湾一直是中国的一部分。在出席美国外交政策协会等六个团体联合举行的招待会上，邓小平指出："至于用什么方式解决台湾归回祖国的问题，那是

---

① 张宝忠：《跟随邓小平四十年》，中央文献出版社 2015 年版，第 199 页。

中国的内政""我们完全希望用和平方式解决这个问题";①"只要台湾回归祖国，我们将尊重那里的现实和现行制度"②。

12 月，邓小平在会见日本首相大平正芳时提出了"三个不变"。他指出，实现统一祖国的目标，要从现实情况出发。统一后"台湾的制度不变，生活方式不变，台湾与外国的民间关系不变，包括外国在台湾的投资、民间交往照旧"③，"台湾作为一个地方政府，可以拥有自己的自卫力量，军事力量"④。

上述一系列谈话，成为"一国两制"构想形成的基本框架。在以后的实践中，中国共产党把"一国两制"构想逐步具体化系统化。

1981 年 9 月 30 日，全国人大常委会委员长叶剑英发表了《关于台湾回归祖国实现和平统一的方针政策》的谈话，进一步阐明了关于台湾回归祖国，实现和平统一的"九条方针"，明确指出：国家实现统一后，台湾可作为特别行政区，享有高度的自治权，并可保留军队。中央政府不干预台湾地方事务。台湾现行社会、经济制度不变，生活方式不变，同外国的经济、文化关系不变。台湾当局和各界代表人士，可担任全国性政治机构的领导职务，参与国家管理。欢迎台湾工商界人士回祖国大陆投资，兴办各种经济事业，保证其合法权益和利润。

1982 年 9 月，邓小平在会见英国首相撒切尔夫人的谈话中，表达了一个主要意思，即中国政府准备用在解决台湾问题时提出的办法解决

---

① 《邓小平年谱（一九七五——一九九七）》上卷，中央文献出版社 2004 年版，第 479 页。

② 中共中央文献研究室编：《邓小平关于建设有中国特色社会主义的论述专题摘编》，中央文献出版社 1992 年版，第 305 页。

③ 《邓小平年谱（一九七五——一九九七）》上卷，中央文献出版社 2004 年版，第 306 页。

④ 中共中央文献研究室编：《邓小平关于建设有中国特色社会主义的论述专题摘编》，中央文献出版社 1992 年版，第 305 页。

香港问题。收回香港后，香港仍将是资本主义，现行的许多适合的制度
要保留。

1983 年 6 月，邓小平在会见美国新泽西西东大学教授杨力宇时，
进一步阐述了实现台湾和祖国大陆和平统一的六条具体构想，明确表
示：台湾问题的核心是祖国统一。和平统一已成为国共两党的共同语
言。① 制度可以不同，但在国际上代表中国的，只能是中华人民共和国。
祖国统一后，台湾特别行政区可以实行同大陆不同的制度，可以有其他
省、自治区、直辖市所没有而为自己所独有的某些权力。司法独立，终
审权不须到北京。台湾还可以有自己的军队，只是不能构成对大陆的威
胁。大陆不派人驻台，不仅军队不去，行政人员也不去。中央政府还要
给台湾留出名额。和平统一不是大陆把台湾吃掉，当然也不能是台湾把
大陆吃掉。建议举行两党平等会谈，实行国共第三次合作。②

从"三个不变"到"叶九条"再到"邓六条"，"一国两制"科学构
想的内容更加完备、充实，更加具体化、系统化，"一国两制"方针的
大体框架基本形成。

后来，"一国两制"成为一项基本国策正式确立。

1984 年 2 月，邓小平会见美国乔治城大学战略与国际问题研究中
心代表团。他在谈话时说："我们提出的大陆与台湾统一的方式是合
情合理的。统一后，台湾仍搞它的资本主义，大陆搞社会主义，但是
是一个统一的中国。一个中国，两种制度。香港问题也是这样。"③ 几
个月后，在六届全国人大二次会议通过的《政府工作报告》中，正式
阐述了"一个国家，两种制度"的构想，从而使这一提法具有了法律
效力。

---

① 参见《邓小平文选》第三卷，人民出版社 1993 年版，第 30 页。
② 参见《邓小平文选》第三卷，人民出版社 1993 年版，第 30—31 页。
③ 《邓小平文选》第三卷，人民出版社 1993 年版，第 49 页。

　　同年 6 月，邓小平分别会见香港工商界访京团和香港知名人士钟士元等人，发表了关于《一个国家，两种制度》的著名谈话，其要点主要包括：

　　(1)"一国两制"政策长期不变。他说："'一个国家，两种制度'，我们已经讲了很多次了，全国人民代表大会已经通过了这个政策。有人担心这个政策会不会变，我说不会变。"① 结合香港问题，他更加明确地指出，"我们采取'一个国家，两种制度'的办法解决香港问题，不是一时的感情冲动，也不是玩弄手法，完全是从实际出发的"②，"我们对香港的政策五十年不变，我们说这个话是算数的"③。

　　(2)"一国两制"的主体是社会主义。他指出，"'一个国家，两种制度'，具体说，就是在中华人民共和国内，十亿人口的大陆实行社会主义制度，香港、台湾实行资本主义制度"④，"我们对香港的政策长期不变，影响不了大陆的社会主义。中国的主体必须是社会主义，但允许国内某些区域实行资本主义制度"⑤。

　　(3)"一国两制"为国际上许多问题的解决提供了一些有益的线索。他说："'一个国家，两种制度'的构想是我们根据中国自己的情况提出来的，而现在已经成为国际上注意的问题了。"⑥"中国有香港、台湾问题，解决这个问题的出路何在呢？……如果不能和平解决，只有用武力解决，这对各方都是不利的。实现国家统一是民族的愿望，一百年不统一，一千年也要统一的。"⑦ 面对世界上一系列争端，到底是用和平方式

　　① 《邓小平文选》第三卷，人民出版社 1993 年版，第 59 页。
　　② 《邓小平文选》第三卷，人民出版社 1993 年版，第 60 页。
　　③ 《邓小平文选》第三卷，人民出版社 1993 年版，第 58 页。
　　④ 《邓小平文选》第三卷，人民出版社 1993 年版，第 58 页。
　　⑤ 《邓小平文选》第三卷，人民出版社 1993 年版，第 59 页。
　　⑥ 《邓小平文选》第三卷，人民出版社 1993 年版，第 59 页。
　　⑦ 《邓小平文选》第三卷，人民出版社 1993 年版，第 59 页。

解决还是用非和平方式来解决的问题，邓小平用质问的方式给出了肯定的回答："从世界历史来看，有哪个政府制定过我们这么开明的政策？从资本主义历史看，从西方国家看，有哪一个国家这么做过？"①"一国两制"这一创造性方针，不仅推动了中国的和平统一，为世界各国国家间解决历史遗留问题也提供了参考。

1985 年 3 月，六届全国人大三次会议正式把"一国两制"确定为中国的一项基本国策。至此，中国共产党和中国政府用"一国两制"解决台、港、澳问题，实现国家统一的基本方针正式确立。

三、在恢复港澳主权和治港治澳实践中开花结果

"一国两制"构想首先被成功地运用于解决香港和澳门问题。1984年 12 月，中英两国政府正式签署联合声明，宣布中华人民共和国政府将于 1997 年 7 月 1 日对香港恢复行使主权，设立直辖于中央人民政府的香港特别行政区。香港特别行政区享有高度的自治权，现行的社会、经济制度不变，生活方式不变。随后，全国人民代表大会根据"一国两制"、"港人治港"和高度自治的原则，起草并通过了《中华人民共和国香港特别行政区基本法》。按照中英联合声明和《基本法》的原则，中国政府排除各种阻力，有条不紊地进行香港回归的准备工作。

同样本着"一国两制"原则，1987 年 4 月，中国和葡萄牙两国政府签署了关于澳门问题的联合声明，宣布中华人民共和国将于 1999 年 12月 20 日对澳门恢复行使主权。全国人大随后起草并通过《中华人民共和国澳门特别行政区基本法》。

---

① 《邓小平文选》第三卷，人民出版社 1993 年版，第 59 页。

香港和澳门问题的解决，不仅使祖国统一大业迈出重要一步，而且也为国际社会以和平方式解决国家间的历史遗留问题，提供了新的范例。

1997 年 7 月 1 日，中国人民终于迎来期盼已久的时刻。在如期举行的香港政权交接仪式上，江泽民庄严宣告："中国对香港恢复行使主权。中华人民共和国香港特别行政区正式成立。"① 鲜艳的五星红旗和香港特别行政区区旗在雄壮的国歌声中升起，五洲四海，万众瞩目，神州大地，一片欢腾。历经百年沧桑的香港终于回到祖国怀抱，中国人民终于洗雪香港被侵占的百年国耻。

1999 年 12 月 20 日，中国和葡萄牙两国政府在澳门如期举行了政权交接仪式。澳门的回归，标志着在中国国土上彻底结束了外国列强的侵占。这是旧中国的政府不能也不敢解决的问题，是中国共产党对于中华民族的历史性贡献。

香港、澳门从回到祖国怀抱之日起，就重新纳入国家治理体系，中央依法对香港、澳门实行全面管治，与之相应的特别行政区制度和体制得以确立。同时，香港、澳门特别行政区依法实行高度自治，充分行使行政管理权、立法权、独立的司法权和终审权，原有资本主义制度和生活方式保持不变，法律基本不变，香港、澳门居民享有比历史上任何时候都更广泛的民主权利和自由。回归祖国以来，香港、澳门虽然经历了亚洲金融危机、非典疫情、国际金融危机等的冲击，但仍然保持繁荣稳定的局面。

据统计，从 1997 年到 2019 年，香港本地生产总值从 1773 亿美元增长到 3583 亿美元。从 1999 年到 2019 年，澳门本地生产总值从 65 亿美元增长到 591 亿美元。香港、澳门的教育、医疗卫生、文化体育、社

---

① 《江泽民文选》第一卷，人民出版社 2006 年版，第 651 页。

会保障等各项事业取得长足进步，对外交往和国际影响力日益扩大，中西文化交融荟萃的魅力更胜往昔。港澳回归后举世公认的发展成就，以无可辩驳的事实证明了"一国两制"伟大构想的科学性、可行性和实践性。

"一国两制"实践取得的巨大成功，是后人继承前人、接力向前推进的结果。党的十八大以来，以习近平同志为核心的党中央全面准确贯彻"一国两制"方针，牢牢掌握宪法和基本法赋予的中央对香港、澳门全面管治权，深化内地和港澳地区合作发展，妥善应对和处理一系列重大问题，推动"一国两制"事业开创新局面、迈上新台阶。尤其是中央谋划和推进国家整体发展战略，始终重视发挥"一国两制"的制度优势，鼓励和支持港澳找准定位、发挥所长，积极对接国家发展规划，努力实现长期繁荣稳定。这几年，内地与香港、澳门分别在更紧密经贸关系安排框架下签署服务贸易协议，"沪港通""深港通""债券通"等金融市场互联互通机制有序开启，香港离岸人民币业务全面发展，港珠澳大桥、广深港高铁等基建项目加速推进，粤港澳大湾区建设为港澳发展提供了新的重大机遇。在中央政府和祖国内地的大力支持下，港澳发展动力更加强劲、发展空间更加广阔、发展前景更加光明，融入中华民族伟大复兴壮阔征程的步伐不断加快，广大港澳同胞对港澳保持繁荣稳定的信心、对国家发展和民族复兴的信心不断增强。

2019年6月，香港爆发"修例风波"，在外部势力干预下，严重冲击法治、破坏社会稳定、伤害经济民生，挑战"一国两制"底线。深入分析香港的暴力事件，究其原因，是割裂了"一国"和"两制"的关系，以香港特区的高度自治权来对抗中央的全面管治权。香港的这场斗争，本质上就是一场破坏"一国两制"和维护"一国两制"的殊死较量，没有中间地带，没有讨价还价的余地，中国人民绝不容忍任何挑战"一国

2021 年 3 月 11 日，十三届全国人大四次会议表决通过《全国人民代表大会关于完善香港特别行政区选举制度的决定（草案)》。图为表决现场。

两制"底线的行为，绝不容忍任何分裂国家的行为。

对此，中央果断出手，拨乱反正。2020 年 6 月，《香港国安法》颁布实施，止暴制乱，香港社会恢复安宁；2021 年 3 月，全国人大作出完善香港特别行政区选举制度的决定，全国人大常委会通过香港基本法附件一和附件二修订案，5 月，完善香港特区选举制度本地立法工作全面完成，堵塞了原有选举制度漏洞，开启香港良政善治新篇章。

事实有力证明："一国两制"是解决历史遗留的港澳问题的最佳解决方案，也是港澳回归后保持长期繁荣稳定的最佳制度安排。没有"一国两制"，就没有澳门回归祖国以来日新月异的发展成就。

四、推进实现祖国统一的科学指南

2015 年 11 月 7 日，两岸领导人会面在新加坡香格里拉大酒店正式举行。下午 3 时，习近平总书记、马英九同时步入会见大厅。在数百名中外媒体记者的瞩目下，在响成一片的快门声中，两岸领导人的手紧紧握在一起，长达 70 秒！习近平总书记在致辞中动情地说："两岸关系 66 年的发展历程表明，不管两岸同胞经历多少风雨，有过多长时间的隔绝，没有任何力量能把我们分开。""两岸同胞是打断骨头连着筋的同胞兄弟，是血浓于水的一家人。"①

这是两岸分隔 66 年之后领导人的第一次会面，也是我们在"和平统一、一国两制"方针指引下，坚持一个中国原则和"九二共识"，推动两岸关系和平发展取得的历史性一刻。

1987 年年底，长达 30 多年的海峡两岸隔绝状态被打破，两岸经贸交往、人员往来和各项交流蓬勃发展。但与此同时，民间交流也衍生出种种问题，需要两岸配合解决。1990 年 11 月 21 日，台湾当局设立台湾海峡交流基金会（简称"海基会"），1991 年 12 月 16 日，中国大陆在北京成立海峡两岸关系协会（简称"海协会"）。1992 年 11 月，经过多次预备性磋商，海协会与台湾海基会达成"海峡两岸同属一个中国，共同努力谋求国家统一"的共识，史称"九二共识"。在"九二共识"基础上，1993 年 4 月 27 日至 29 日，经过海峡两岸的共同努力，两会领导人汪道涵、辜振甫在新加坡成功举行会谈。这是 1949 年以来两岸高层人士以民间名义公开进行的最高层次的会谈。1998 年 10 月，辜振甫率海基会代表团访问上海、北京，与汪道涵会长在上海举行了"汪辜

---

① 《习近平同马英九会面》，《人民日报》2015 年 11 月 8 日。

会晤"。这次会晤开启了两岸政治对话，双方还达成了包括两岸继续进行政治对话及汪道涵会长应邀访问台湾的"四项共识"。但由于后来李登辉抛出"两国论"，拆毁了两会商谈的基础；陈水扁上台后，拒不承认一个中国原则，拒不承认两岸两会达成的"九二共识"，两岸关系持续陷入紧张僵局，两会未能再续协商。

2008 年 5 月，赞成"九二共识"的国民党马英九上台执政，两岸关系进入和平发展时期。海峡两岸在"九二共识"的基础上达成了 23 项协议。其中，"海峡两岸经济合作框架协议"（ECFA）标志着两岸经济关系正常化的开始。通过 ECFA，台湾企业紧紧地与大陆市场联系在一起，避免了世界经济低迷给台湾经济带来更大的冲击，维持了台湾经济的平稳发展。两岸政治关系获得重大突破。2014 年 2 月 11 日，国务院台湾事务办公室主任张志军与台湾方面陆委会主委王郁琦在南京举行正式会面。自此，两岸事务负责人定期举行会谈逐渐制度化。后来，2015 年 11 月 7 日，两岸领导人在新加坡举行历史性会谈。

两岸关系由相互隔绝，到实现全面直接双向"三通"（通邮、通商、通航），开启两岸同胞大交流大合作局面，由军事与政治上的全面敌对，到开启两岸协商谈判，推进两岸政党党际交流，实现两岸领导人历史性会晤，都是我们坚持"一国两制"、推进祖国和平统一结出的硕果。

2016 年 1 月，民进党在台湾地区领导人选举中获胜，台湾再次实现政党轮替。民进党上台后，否认"九二共识"，推行"台独"分裂路线，致使包括两会商谈在内的两岸联系沟通和协商谈判机制中断，两岸关系和平发展势头受到严重冲击，台海局势逐渐走向紧张对抗。

面对民进党当局的倒行逆施，我们党坚持一个中国原则和"九二共识"，坚决反对"台独"分裂行径，坚决反对外部势力干涉，牢牢把握两岸关系主导权和主动权，进一步强化祖国完全统一的时和势。

2019 年 1 月 2 日，《告台湾同胞书》发表 40 周年纪念会在北京人民大会堂隆重举行。习近平总书记发表重要讲话，全面阐述我们立足新时代、在民族复兴进程中推进祖国和平统一的重大政策主张。习近平总书记再次强调："'和平统一、一国两制'是实现国家统一的最佳方式，体现了海纳百川、有容乃大的中华智慧，既充分考虑台湾现实情况，又有利于统一后台湾长治久安。"①

"台独"势力迎合西方敌对势力，以"自由民主"之名，行图谋分裂之实。习近平总书记明确表示："制度不同，不是统一的障碍，更不是分裂的借口。'一国两制'的提出，本来就是为了照顾台湾现实情况，维护台湾同胞利益福祉。"②2019 年 10 月，党的十九届四中全会通过的《中共中央关于坚持和完善中国特色社会主义制度　推进国家治理体系和治理能力现代化若干重大问题的决定》强调指出："一国两制"是党领导人民实现祖国和平统一的一项重要制度，是中国特色社会主义的一个伟大创举。必须坚持"一国"是实行"两制"的前提和基础，"两制"从属和派生于"一国"并统一于"一国"之内。

习近平总书记对两岸统一后的制度安排提出更具发展性、开放性、包容性的论述。他指出："'一国两制'在台湾的具体实现形式会充分考虑台湾现实情况，会充分吸收两岸各界意见和建议，会充分照顾到台湾同胞利益和感情。在确保国家主权、安全、发展利益的前提下，和平统一后，台湾同胞的社会制度和生活方式等将得到充分尊重，台湾同胞的私人财产、宗教信仰、合法权益将得到充分保障。"③可以设想，根据习近平总书记这一论述，未来如果两岸开展谈判，按照"一国两制"构想实现和平统一，"一国两制"的内涵还会得到丰富和发展。

青山遮不住，毕竟东流去。祖国必须统一，也必然统一。这是 70

---

① 《习近平著作选读》第二卷，人民出版社 2023 年版，第 235 页。
② 《习近平著作选读》第二卷，人民出版社 2023 年版，第 235 页。
③ 《习近平著作选读》第二卷，人民出版社 2023 年版，第 235 页。

余载两岸关系发展历程的历史定论，也是新时代中华民族伟大复兴的必然要求。"和平统一、一国两制"是我们解决台湾问题的基本方针，是实现祖国统一的最佳方案。虽然前进的道路不可能一帆风顺，但我们坚信，在习近平总书记关于对台工作的重要论述指引下，贯彻新时代中国共产党解决台湾问题的总体方略，两岸同胞和衷共济、共同奋斗，就一定能够汇聚起无坚不摧的磅礴力量，祖国完全统一、中华民族伟大复兴的宏图大业一定能够实现。

第十四章　构建人类命运共同体

——坚持和完善独立自主的和平外交政策

中国一贯倡导独立自主的和平外交政策，这是中国外交的鲜明特色和独特品格。新中国外交史是坚持和不断完善独立自主和平外交政策的历程。

一、初登世界外交舞台，发挥中国外交智慧

中国自从登上世界外交舞台开始，就倡导通过协商方式解决国际问题，维护世界与地区和平。1954 年 4 月，在日内瓦万国宫，日内瓦会议召开，讨论朝鲜问题和印度支那问题。与会国是美、苏、英、法、中及相关国家。这是新中国成立后，第一次以大国身份参与重要国际事务，备受世界瞩目。虽然当时美国拒不承认中华人民共和国，但涉及亚太安全的重要问题不能没有中国参与已经是国际共识。4 月 24 日，中国代表团抵达日内瓦宽特兰机场（Cointrin Airport），引发了记者报道的热潮。"这是北京政府在国际舞台上的亮相。当气度不凡、外表英俊的周恩来缓缓走下舷梯时，一大群摄影师对着这个宽额、阔嘴、黑眼睛能够洞察人心的领导人一阵猛拍"，"不管是当晚抵达的维亚切斯拉夫·莫

洛托夫，还是次日的安东尼·艾登，甚至是第三天到达的比多，都无法引起这样的轰动"①。

在讨论印度支那问题时，由于各国利益和立场的分歧，谈判陷入僵局。印度支那问题涉及中南半岛上的三个国家，也涉及越南是分裂还是统一，异常复杂。5 月，越南民主共和国取得奠边府战役胜利，对谈判结果期望很高，不仅希望赢得国家独立，也希望其在老挝和柬埔寨的"姊妹"政府（巴特寮和自由高棉）能得到国际承认，使印度支那地区摆脱法国的殖民统治。法国不甘于失败，立场强硬。法美支持的西贡政府反对分裂越南的解决方案。美国惧怕共产主义在东南亚传播开来，不希望法国退出印度支那，与法国商谈美法军事干预问题。英国则务实地不支持美及其他西方国家武力介入印度支那战争，希望通过谈判结束战争。在会议步入死胡同之时，周总理提出对印支三国区别对待，老挝和柬埔寨成为中立国，所有外国军队从这两个国家撤出，得到了苏联的赞同。周总理又积极斡旋，主动提出与刚上台、希望结束印支战争的法国总理孟戴斯—弗朗斯会谈，并返回亚洲与柬埔寨、老挝领导人及胡志明进行会谈，又赴莫斯科与苏联领导人会谈。这些穿梭外交最终使各方接受了"区别对待三国"及对越南"分而治之"的方案，会议出现柳暗花明的转机。7 月 21 日，会议终于通过了《日内瓦会议最后宣言》，使漫长而血腥的印度支那战争暂时画上了句号，基本实现了和平。这是中国通过外交智慧促成各国和平协商，帮助解决国际冲突和争端的一个成功例子，体现了中国倡导的不同社会制度的国家和平共处的理念。

新中国成立后，在国际社会面临着美国的打压，历经 20 多年才恢复在联合国的合法席位，开始在联合国为维护世界和平作出自己的贡

---

① ［美］弗雷德里克·罗格瓦尔：《战争的余烬》（下），詹涓译，社会科学文献出版社 2017 年版，第 727 页。

献。联合国于 1946 年成立，中国是联合国创始国和安理会常任理事国。1949 年中华人民共和国成立后，人口占世界人口的 1/4，理应取代原国民党集团在联合国的席位，成为中国在联合国的合法代表。从 1949 年 11 月开始，中华人民共和国政府多次向联合国要求取消"中国国民政府"在联合国代表中国的权利，由中华人民共和国政府代表中国参与联合国各项工作。印度和苏联在第五届联大上也分别提出请中华人民共和国代表参加联合国工作。但是由于美国操纵部分国家阻挠，印苏两国的提案被否决。

中国恢复联合国合法席位的过程历经波折。20 世纪 50 年代，在历届联合国大会上，友好国家多次提出恢复中华人民共和国在联合国的合法席位，但美国及其追随国以形式上的"多数"使联合国大会通过了"不考虑中国在联合国代表权问题"的提案。

随着中华人民共和国的发展壮大，中国的国际地位不断提高，国际影响不断扩大。1961 年，第十六届联合国大会总务委员会通过了讨论中国在联合国席位问题的议题，从此，美国无法再阻止联合国讨论中国代表权问题，联合国恢复了对中国在联合国席位问题的表决。与此同时，世界范围的民族解放运动使越来越多的亚非拉国家成为联合国成员国，联合国里越来越多的国家支持中国恢复合法席位的正义要求。

1971 年，第 26 届联合国大会决定表决有关中国代表权问题的三个提案。美国仍想阻挡历史潮流，和日本提出了两个提案：一是所谓"重要问题"提案，要求有关中国代表权的提案要有联合国大会 2/3 多数赞成票才能通过；二是"双重代表权"提案，想保住蒋介石集团的"代表权"。但是跟着美国逆历史潮流而动的国家已经所剩无几。10 月 25 日，在联大第 1976 次会议上，"重要问题"提案以 59 票反对、55 票赞成、15 票弃权被否决。随后，表决阿尔巴尼亚和阿尔及利亚等 23 个国家的联合提案：恢复中国在联合国的合法权利、驱逐台湾国民党代表。提案以压倒性多数（76 票赞成、35 票反对、17 票弃权）获得通过，这就是2758 号决议，"承认中华人民共和国政府的代表是中国在联合国组织的唯一合法代表，中华人民共和国是安全理事会五个常任理事国之一"①，中华人民共和国在联合国的合法权利得以恢复。该决议使美日的"双重代表权"提案自动作废。这是广大发展中国家的胜利。

1971 年 11 月 15 日，中华人民共和国代表团出席了联合国大会第26 届会议，受到了热烈欢迎。大会主席马利克（印度尼西亚）和 57 个国家的驻联合国代表登台致欢迎词，热情洋溢，时间长达近 6 小时。随后，中国代表团乔冠华团长发言，阐述了中国的外交立场和原则："国家不论大小，应该一律平等，和平共处五项原则应该成为国与国之间的关系准则。各国人民有权按照自己的意愿，选择本国的社会制度，有权维护本国独立、主权和领土完整，任何国家都无权对另一个国家进行侵略、颠覆、控制、干涉和欺侮"；"反对大国欺侮小国、强国欺侮弱国的强权政治和霸权主义"；"任何一个国家的事，要由这个国家的人民自己来管；全世界的事，要由世界各国来管；联合国的事，要由参加联合国的所有国家共同来管，不允许超级大国操纵和垄断"；中国"将同一切爱好和平、主持正义的国家和人民站在一起，为维护各国的民族独立和国家主权，为维护国际和平、促进人类进步事业而共同努力"②。

从此，中国在联合国为维护广大第三世界国家的正当权益、维护世界和平进行了不懈努力，正如习近平主席在中华人民共和国恢复联

---

① 裴广江、赵成：《重返联合国——中国外交的胜利正义力量的胜利》，《人民日报》2021 年 2 月 23 日。

② 方连庆等主编：《国际关系史（战后卷）》上册，北京大学出版社 2006 年版，第521 页。

合国合法席位 50 周年纪念会议上的讲话中所指出的:"新中国恢复在联合国合法席位以来的 50 年,是中国和平发展、造福人类的 50 年。……这 50 年,中国人民始终同世界各国人民团结合作,维护国际公平正义,为世界和平与发展作出了重大贡献。……这 50 年,中国人民始终维护联合国权威和地位,践行多边主义,中国同联合国合作日益深化。"①

二、坚持独立自主的和平外交原则,开拓国际关系新局面

中国政府坚持独立自主的和平外交原则,不断努力奋斗,开拓国际关系新局面。新中国成立后,美国长期拒绝承认中国,但挡不住中国日益成长为一个在国际上举足轻重之大国的脚步。在美苏争霸的时代背景下,美国在尼克松政府期间开始寻求改善与中国的关系。1969 年 3 月珍宝岛事件发生,尼克松政府请法国向中国转达了想改善与中国关系的愿望。7 月,美国政府宣布放宽对华贸易和到中国旅行的限制。8 月,美国总统尼克松请巴基斯坦总统叶海亚·汗和罗马尼亚总统齐奥塞斯库向中国转达希望对话的意愿。9 月,美国副国务卿理查森表示,美国深切关注苏联对中国安全构成的威胁。10 月,美国通过巴基斯坦转告中国:将撤走在台湾海峡巡逻的驱逐舰。12 月,美国驻波兰大使向中方表示愿意与中国驻波兰代办会谈。这样,1970 年 1 月,中美恢复了大使级谈判。

虽然与美国的关系很重要,但中国并不因而放弃维护国际问题的公

---

① 习近平:《在中华人民共和国恢复联合国合法席位 50 周年纪念会议上的讲话》,人民出版社 2021 年版,第 2—4 页。

平正义。1970 年 3 月，美国入侵柬埔寨，中国中断了中美大使级谈判。6 月底，美国撤出柬埔寨，中国才恢复与美国的谈判。

中国政府始终把国家利益置于最高位置，不因对美关系而放弃或损害国家主权。1970 年 10 月，尼克松向《时代》周刊表示想访问中国，11 月，又请巴基斯坦总统转达与中国实现友好关系的愿望。中国政府答复美方，要实现和中国的友好关系，美国必须先改变在台湾问题上的立场和做法："台湾是中国不可侵害的领土，解放台湾是中国的内政，不容外人干预。美国武装力量占领台湾和台湾海峡，是中美关系紧张的关键问题。"①

中国政府坚定维护国家主权，但同时也能高瞻远瞩，睿智灵活地运筹国际关系。1970 年 12 月，毛泽东在会见美国记者埃德加·斯诺时大度而开明地表示愿意和尼克松会谈，尼克松以什么身份到中国来都可以，就算吵架也无妨，谈不出结果也没关系。1971 年 4 月，第 31 届世界乒乓球锦标赛在日本举行，中美乒乓球队都参加了比赛。比赛期间，美国乒乓球队向中国乒乓球队表示，希望比赛结束后能到中国访问，中国乒乓球队马上将美国乒乓球代表团的愿望报告给国内。经党中央研究，中国外交部通知在日本的中国乒乓球队，邀请美国乒乓球代表团访问中国。4 月 10 日至 17 日，美国乒乓球队访问了中国，周恩来接见了美国运动员，对他们说："你们这次应邀来访，打开了两国人民友好往来的大门。"②中断 22 年的中美交往从此恢复。这就是中美关系史上著名的"乒乓外交"，小小的乒乓球影响了"大球"，民间往来成为改善大国关系、推动世界形势变化的契机。

_____

① 方连庆等主编：《国际关系史（战后卷）》上册，北京大学出版社 2006 年版，第 529 页。

② 中华人民共和国外交部、中共中央文献研究室编：《周恩来外交文选》，中央文献出版社 1990 年版，第 474 页。

1971 年美国乒乓球代表团访问中国。

三、有理有据斗争，坚定不移维护国家主权

虽然中美恢复了民间交往，但两国关系要实现进一步发展，仍必须直面台湾问题。周恩来通过巴基斯坦向美国转达口信："要从根本上恢复中美两国关系，必须从中国的台湾和台湾海峡地区撤走美国一切武装力量。"[1] 中方建议与美国开展高级别会谈，提出可以和美国特使、如美

---

[1] 李连庆:《大外交家周恩来》第六卷，人民出版社 2016 年版，第 277 页。

国国家安全事务助理基辛格等进行商谈。1971 年 5 月，尼克松总统同意派基辛格与中国高级官员会谈。5 月 31 日，中国通过巴基斯坦总统叶海亚·汗转告美国政府，欢迎尼克松总统访华。1971 年 6 月，尼克松在堪萨斯发表讲话，提出了"世界 5 个中心"的论断，认为世界上有 5 个重要的力量中心：美、苏、西欧、日本、中国。这表明美国政府充分认识到中国在世界上的重要性。①

1971 年 7 月，基辛格访问中国，为尼克松访华做准备。基辛格提出了美国政府在台湾问题上的立场：希望台湾问题和平解决，美国和蒋介石政府签订的《共同防御条约》留待历史解决，美国在联合国将支持恢复中国的席位，但不支持驱逐台湾代表。对此，周恩来重申：解放台湾是中国的内政，不容外人干预，美蒋《共同防御条约》必须废除。中美双方从两国关系的大局出发，保留了在台湾等问题上的分歧，发表了尼克松将访华的公告。这一消息震动了世界。

1972 年 2 月 21 日，美国总统尼克松访华，与中方进行了多次磋商。2 月 28 日，中美在上海签署《中美联合公报》，同意根据和平共处五项原则来处理国与国之间的关系，并声明了双方在台湾问题上的立场，美国承认"只有一个中国，台湾是中国的一部分"，并承诺将从台湾撤出全部美国军事力量和设施。尼克松访华和《中美联合公报》的发表标志着中美两国关系进入了一个新时期，开始了正常化进程。

1973 年年初，尼克松连任美国总统。2 月，基辛格第 5 次访华，表示美国愿与中国建交，两国决定在对方国家首都设联络处。但 1974 年 8 月，尼克松因"水门事件"辞职。

美国副总统福特继任总统后，1974 年 11 月派基辛格访华，提出如

---

① 参见方连庆等主编：《国际关系史（战后卷）》上册，北京大学出版社 2006 年版，第 530 页。

果中国声明和平解放台湾，美国就放弃美台《共同防御条约》，但要在台湾设"联络处"。美国政府在台湾问题上的立场出现了倒退。邓小平再次阐明了中国的立场：台湾问题是中国的内政，用什么方式解决是中国人自己的事；至于"联络处"，这实质上是"一中一台"，中国不接受以这种方式实现两国关系正常化。①

美国在台湾问题上的立场使中美建交困难重重，但中国政府始终坚定不移地维护国家主权。1975 年 12 月，美国总统福特访华，再次提出希望中国承诺和平解决台湾问题。邓小平再次申明了中国的立场：用什么方式解决台湾问题必须由中国自己决定，美国必须接受与台断交、废除美台《共同防御条约》、从台撤军三原则。福特政府不接受这三原则，因此在其任期内未能实现中美建交。②

中国政府在台湾问题上与美国进行了坚决的斗争。1977 年卡特当选美国总统后，希望实现中美建交，派国务卿万斯访华。这次美国政府在台湾问题上的态度在形式上有所软化，提出美国希望发表声明，重申美国有兴趣让中国人和平解决台湾问题，希望中国政府不发表反对性声明，不强调武力解决台湾问题，那么美国就与台断交、废约。但中国政府在国家主权问题上寸步不让，邓小平向万斯重申：美国必须废约、断交、撤军，台湾与大陆统一的问题，中国人自己来解决。1978 年 5 月，卡特派国家安全事务助理布热津斯基访华，表示接受中国提出的建交三原则。7 月，两国开始建交谈判，美国仍提出希望中国默认不以武力解决台湾问题。③

经过半年谈判，中美两国达成协议，美国承认只有一个中国，承认

① 参见苏格：《美国对华政策与台湾问题》，世界知识出版社 1998 年版，第 394—395 页。
② 参见苏格：《美国对华政策与台湾问题》，世界知识出版社 1998 年版，第 396 页。
③ 参见韩念龙主编：《当代中国外交》，中国社会科学出版社 1990 年版，第 227—228 页；转引自苏格：《美国对华政策与台湾问题》，世界知识出版社 1998 年版，第 410 页。

中华人民共和国政府是中国的唯一合法政府，美国人民仅同台湾人民保持非官方关系，两国从 1979 年 1 月 1 日起建立外交关系，美国在建交之际立即断绝同台湾的外交关系，1979 年 4 月 1 日前从台湾和台湾海峡完全撤出军事力量和军事设施，终止美台《共同防御条约》。1978 年 12 月 16 日，两国发表了联合公报。就解决台湾问题的方式和美向台出售武器问题，中美未能达成一致，在发表建交公报后，同时分别发表声明，阐明了各自立场。中国政府在声明中指出："解决台湾回归祖国、完成国家统一的方式，这完全是中国的内政。""在两国关系正常化后美方继续向台湾出售武器，这不符合两国关系正常化的原则，不利于和平解决台湾问题，对亚太地区的安全和稳定也将产生不利影响。"① 中国坚持独立自主的和平外交政策，实现了与美国关系的正常化。

在台湾问题上，中国政府始终坚定地捍卫国家主权，正如 2021 年 10 月习近平总书记在纪念辛亥革命 110 周年大会上的讲话中所指出的："以和平方式实现祖国统一，最符合包括台湾同胞在内的中华民族整体利益。我们坚持'和平统一、一国两制'的基本方针，坚持一个中国原则和'九二共识'，推动两岸关系和平发展。"②"'台独'分裂是祖国统一的最大障碍，是民族复兴的严重隐患。凡是数典忘祖、背叛祖国、分裂国家的人，从来没有好下场，必将遭到人民的唾弃和历史的审判！台湾问题纯属中国内政，不容任何外来干涉。任何人都不要低估中国人民捍卫国家主权和领土完整的坚强决心、坚定意志、强大能力！祖国完全统一的历史任务一定要实现，也一定能够实现！"③

---

① 方连庆等主编：《国际关系史（战后卷）》上册，北京大学出版社 2006 年版，第 539 页。

② 习近平：《在纪念辛亥革命 110 周年大会上的讲话》，人民出版社 2021 年版，第 11 页。

③ 习近平：《在纪念辛亥革命 110 周年大会上的讲话》，人民出版社 2021 年版，第 11 页。

第十五章　让权力在阳光下运行

——坚持和完善党和国家监督体系的故事

　　法国政治思想家孟德斯鸠有句名言："一切有权力的人都容易滥用权力，这是万古不易的一条经验。有权力的人们使用权力，一直到遇有界限的地方才休止。"[①]有权力的地方就要有监督，有监督的权力才能安全运行。不断坚持和完善党和国家监督体系，是党的十八大以来反腐败斗争取得重大成效的一条重要经验。党的十九大报告指出："要加强对权力运行的制约和监督，让人民监督权力，让权力在阳光下运行，把权力关进制度的笼子。"[②]党和国家监督体系是中国特色社会主义制度和国家治理体系的重要组成部分，是党在长期执政条件下实现自我净化、自我完善、自我革新、自我提高的重要制度保障。坚持和完善党和国家监督体系，为清除滋生腐败的土壤、取得党风廉政建设和反腐败斗争的更大战略性成果提供了有力的制度保证。

---

　　① ［法］孟德斯鸠：《论法的精神》上册，张雁深译，商务印书馆 1961 年版，第 154 页。

　　② 《十九大以来重要文献选编》（上），中央文献出版社 2019 年版，第 47 页。

一、构建党统一领导、全面覆盖、权威高效的监督体系

中国共产党的领导是中国特色社会主义最本质的特征，是中国特色社会主义制度的最大优势。党的全面领导必然要求党对坚持和完善党和国家监督体系工作的全覆盖、全方位、全过程领导。党的十八大以来，以习近平同志为核心的党中央着眼党和国家长治久安，从政治和全局高度推进监督制度改革，坚定不移推进全面从严治党、健全党和国家监督体系，形成党和国家监督体系总体框架，构建起党统一领导、全面覆盖、权威高效的监督体系。

2016 年 11 月，中共中央办公厅印发了《关于在北京市、山西省、浙江省开展国家监察体制改革的试点方案》，部署在三省市设立各级监察委员会，从体制机制、制度建设上先行先试、探索实践，为在全国推开积累经验。2017 年 1 月 19 日，山西省监察委员会正式挂牌，成为第一个正式挂牌的省级监委。两个多月后，山西省纪委监委查办了留置第一案。山西煤炭进出口集团公司原党委书记、董事长郭海，2017 年 3 月 21 日被山西省纪委监委采取留置措施。这个案件，正是因为改革迎来了转机。早在 2014 年，多个部门就对郭海开始了调查，但 3 年中停滞不前，风言风语在山西坊间流传。郭海担任山煤集团一把手期间，盲目追求销售业绩，主导集团下属公司与"德正系"公司合作开展有色金属贸易，却没有对"德正系"公司进行全面资信调查，风险评估和风险防控也都只是走个过场。而"德正系"其实是借贸易的名义进行金融诈骗。2014 年，"德正系"公司资金链断裂崩盘，山煤集团损失高达 43 亿多元。当时，多个部门对这一案件展开了调查。公安机关从金融诈骗的角度调查，省国资委纪委、省检察院则对郭海涉嫌失职渎职问题开展调查。曾经有涉案人员在先后配合几个部门调查之后，对这种重复调查

感到不解。更令人费解的是，事发后不久，郭海就被免除了职务，但此后很长时间并没有被采取其他任何措施，"有后台""平安着陆"等小道消息开始在社会上流传。事实上，并没有什么后台在包庇郭海。当时省国资委纪委已经认定郭海严重违纪，对他作出开除党籍处分；省检察院也对涉嫌违法的问题作了前期调查，一些证据指向郭海存在失职渎职行为。但按当时法律规定，国有企业工作人员失职渎职罪不属于检察院管辖范围。虽然这个罪名管辖权在公安机关，但事实上，公安机关经常办理的是经济、刑事犯罪案件，职务犯罪类案件办得很少，这在全国具有一定的普遍性。当时公安机关的侦查重点，放在"德正系"公司如何诈骗上。监察体制改革试点开始后，省纪委监委迅速对郭海采取了留置措施。在山西省委指挥下，省纪委监委违纪违法一起查，迅速查清了郭海违纪违法和涉嫌失职渎职罪的情况。郭海还主动交代了受贿 1600 多万元的情节，其中就包括和"德正系"合作中收受对方价值 300 多万元的贵重礼品，例如名画、卡地亚手表等。从 2017 年 3 月 21 日对郭海采取留置措施，到 7 月 15 日法院判决郭海 13 年有期徒刑，仅 3 个多月时间，就办结了这起拖了 3 年的积案。①

从这个故事可以看出，监察体制改革后，原来由公安机关管辖的国有公司、企业、事业单位人员涉嫌职务犯罪罪名，以及涉及村民委员会等基层自治组织人员职务侵占、挪用资金等罪名，一并调整为监委管辖，填补了制度上的漏洞，使以前"九龙治水"产生的监督空白、死角问题得到有效解决。党的十八大以来，党中央按照优化、协同、高效的原则，对多元的监督力量进行科学配置，把行政监察部门、预防腐败机构和检察机关反腐败相关职责进行整合，组建监察委员会，并与纪委合署办公，

---

① 资料来源：中央纪委国家监委宣传部、中央电视台联合摄制电视纪实专题片《国家监察》第 1 集《擘画蓝图》。

实行一套工作机构、两个机关名称，同时履行纪检和监察两项职能，纪委（监委）对中央或地方党委全面负责并报告工作，实现了党和国家监督体系的组织创新，健全了党领导监督工作的制度体系，有效解决了过去监察范围过窄、反腐败力量分散、纪法衔接不畅等问题，保证了党对监督体系的集中统一领导。监察体制改革后，全国监察对象增加了200%以上，所有公权力持有者全部纳入监督监察视野。同时，坚持和完善党和国家监督体系，要求各级党组织必须切实肩负起对监督工作的全面领导责任，变过去对事后监督的领导为全覆盖、全方位、全过程的领导。

　　2018年3月23日，一个载入史册的历史性时刻。上午8时58分，中华人民共和国国家监察委员会在北京正式揭牌，党和国家反腐败工作掀开新的一页。在各级监察委员会成立不久，某省省国土资源厅厅长A某因涉嫌严重职务犯罪潜逃，在省委的领导下，省纪委监委积极与省公安厅加强沟通协调，公安厅迅速抽调警力全方位摸查，双方工作人员建立了密切工作关系。在双方共同努力下，A某迅速落网，由省纪委监委按程序报批后依纪依法对其立案调查并采取留置措施。调查期间，省纪委监委严格遵循刑事审判关于证据的要求和标准，经过充分调查迅速查实了A某的犯罪事实和证据，同时还查实了A某其他违纪违法问题。在作出相应的党纪政务处分后，将其涉嫌犯罪问题移送检察机关。检察机关经认真审查后，认为A某犯罪事实清楚，证据确实、充分，依法应当追究刑事责任，遂作出起诉决定并向人民法院提起公诉。人民法院依法对被告人A某进行开庭审理，A某当庭认罪，并表示不上诉。人民法院依法对A某受贿案作出判决。此案从纪委监委对A某立案调查到人民法院作出判决，只用了3个多月时间。① 与国家监察体制改革前相

───────────

　　① 参见本书编写组：《〈中华人民共和国监察法〉案列解读》，中国方正出版社2018年版，第20—22页。

比，避免了纪检监察机关先调查取证作出处理，然后再移交检察机关立案侦查并转换证据，时间大大缩短、效率大幅提升，充分体现了"集中统一、权威高效"，体现了国家监察体制改革的制度优势正在逐渐转化为治理效能。

从这个故事可以发现，构建党统一指挥、全面覆盖、权威高效的监督体系，实现了依规治党和依法治国、纪律检查和国家监察浑然一体、有机统一。实际工作中，纪委监委"纪""法"两手并用，在内部解决好"纪法贯通"问题，在外部解决好"法法衔接"问题，改变了过去查办职务犯罪案件中"先移后处""先法后纪"，甚至党员"带着党籍蹲监狱"等现象，实现了党的纪律和监察法有效衔接，监察法和刑法以及刑诉法有效衔接，监察委员会监督调查处置与检察机关审查逮捕、审查起诉之间的有效衔接。特别是在各级党委的领导下，统筹纪检监察机关与司法、执法机关的协调配合，以召开协调会、建立定期协调沟通机制等方式，"法""法"协调衔接全线打通，真正使办案模式由"中途换车"变为"直通车"，取得审查调查与司法程序之间顺畅高效对接的实际成果。

二、实现权力监督全面覆盖

监督全面覆盖是坚持和完善党和国家监督体系的基本内涵，也是中国特色社会主义监督体系的突出特征。习近平总书记指出："要坚持'老虎'、'苍蝇'一起打，既坚决查处领导干部违纪违法案件，又切实解决发生在群众身边的不正之风和腐败问题。"[①] 对所有党员干部和行使公权

---

① 《习近平谈治国理政》第一卷，外文出版社 2018 年版，第 387 页。

力的国家公职人员的监督全面覆盖，意味着对权力运行和约束的全面覆盖。

2021 年 10 月 28 日，中央纪委国家监委网站连续第 97 个月公布反腐月报数据，对 9 月全国查处违纪违法问题汇总情况进行了通报，54 人接受审查调查，包括 1 名中管干部和多名厅局级党员干部。比如，有全国政协社会和法制委员会副主任傅政华，黑龙江省绥化市政协副主席李英男，天津市人民检察院副检察长史宝龙，黑龙江省粮食局原局长胡东胜，北京市人力资源和社会保障局党组成员、副局长贺锐，山西省吕梁市委原常委、政法委原书记刘保明，福建省统计局党组书记、局长陈立华，等等。此外，还有 29 人受到党纪政务处分。其中，重庆市民族宗教委党组原书记李中武被开除党籍和公职；陕西省农村信用社联合社原理事长杨建新严重违纪违法被开除党籍、取消退休待遇；浙江省接待办原主任张水堂被开除党籍；陕西省体育局原党组书记、局长姚金荣被开除党籍、取消退休待遇；河北省沧州市人民检察院原党组书记、检察长杨浩被开除党籍和公职；云南省退役军人事务厅原党组书记、厅长张胜震被开除党籍和公职；等等。2021 年 1 月至 9 月，全国纪检监察机关共接收信访举报 284.2 万件次，处置问题线索 136.4 万件，谈话函询 25 万件次，立案 47 万件，处分 41.4 万人（其中党纪处分 34.5 万人）。处分省部级干部 22 人，厅局级干部 2058 人，县处级干部 1.7 万人，乡科级干部 6 万人，一般干部 6.7 万人，农村、企业等其他人员 26.8 万人。[①]

从这个故事可以看出，无论是此次通报的受处理对象人数和立案件数，还是 2021 年 9 个月来鼓点密集的审查调查和"双开"通报，都彰显着"有权必有责、用权必担责、滥权必追责"的强力监督，体现了党

---

① 参见《反腐月报：打虎不停歇！通报 54 人被查》，中国青年网，2021 年 11 月 2 日，见 https://mr.mbd.baidu.com/r/1hIPyeuiDfO?f=cp&u=183783ebe844ffe0。

惩治腐败的坚定决心，持续释放出一严到底、一刻不停歇的强烈信号。实现权力监督全面覆盖，就是在我们党和国家不允许有不受制约的权力，也不允许有不受监督的特殊人员，任何滥用权力者，都要受到纪律法律的惩处。

一段时间里，国有企业监督是权力监督的难点，纪检监察体制改革以来各国有企业在开展权力监督方面的做法充分体现了监督体系改革的优势和效果。近年来，中国移动通信集团公司纪检监察组切实履行监督职责，系统梳理历年来各直管企业信访总量及趋势变化，每季度开展全集团信访线索及案件情况分析，对涉及中央巡视移交、违反中央八项规定精神、扶贫领域等重点关注类别和问题高发领域情况进行专题剖析。纪检监察组组长对信访总量高、上级转办多、信访增幅大、立案率低的直管企业党委书记、纪委书记进行一对一专项约谈，信访案管及审查调查分管副组长定期跟踪工作进展，约谈相关纪委书记，督促结合实际剖析根源，深化以案促改和标本兼治，确保减存量、遏增量取得实效。加大审查调查和问责力度，紧盯重点领域、重要岗位、关键环节等违纪违法案件，严肃查处违反中央八项规定精神、侵害客户利益等领域问题并通报曝光；与地方纪委监委联合查处直管企业党委管理人员靠企吃企、内外勾结的职务违法犯罪案件。经过多年的努力，全集团信访量从 2015 年中央专项巡视以来的"快速释放阶段"发展到 2018 年、2019 年的"遏制企稳阶段"，2019 年达到历史峰值，2020 年开始进入"持续下降阶段"，信访总量较 2019 年下降 39.7%，2021 年上半年同比下降 45.6%。

基层是国家政策、方针、路线的具体执行层，直接面对一线群众。基层党员干部的言行，直接影响群众对党的认识。习近平总书记指出，"要推动全面从严治党向基层延伸"①，"对基层贪腐以及执法不公等问

---

① 《习近平著作选读》第二卷，人民出版社 2023 年版，第 187 页。

2021 年 11 月 13 日，在海南省琼中黎族苗族自治县湾岭镇加章村委会，纪检监察干部（左一）查阅乡村振兴及村级财务支出相关材料。

题，要认真纠正和严肃查处，维护群众切身利益，让群众更多感受到反腐倡廉的实际成果"①。2021 年新年伊始，江苏省盐南高新区伍冈社区聚焦基层党风廉政建设的重点、难点，抢抓社区"两委"换届契机，把建立健全社区纪检队伍作为基层党组织战斗堡垒建设的一项重要任务，坚持好中选优、优中配强，严格按照规范程序，全面实行了社区纪委书记、居务监督委员会主任"一肩挑"。该社区积极推进党内监督、居务监督队伍实体化、一体化运作，通过以会代训、定期考评、结对挂钩等方式，引导社区纪委书记、纪委委员在干中学、在学中干，争当党纪党规的"宣传员"，社区重大事项决策的"监督员"，了解社情民意的"信息员"，理顺干群关系的"调解员"，用实际行动树立工作的威信。该社区通过社区小微权力智慧监管平台，将小微权力监管涉及的所有事项纳入平台统一管理，实施流程化管控，推动权力运行过程与结果可查询、可追溯。通过线上分级审核审批，实现对社区事务全过程监督，让社区"两委"干部"看图做事、照单操作"，让社区纪检干部"按单索检、逐项把关"。在对社区小微权力多措并举监督之下，像拆迁安置、工程建设等领域易发多发的问题得到有效制约。通过发挥社区纪委作用，延伸监督触角，切实将小微权力关进制度笼子，推动基层党风廉政建设更接地气、更有力度、更有实效。全面从严治党向基层延伸，就是既要将群众深恶痛绝、反映强烈，藏身于"神经末梢"的"苍蝇"揪出，也要有效保障群众切身利益，让各类惠民资金、政策真正用到实处，让群众从正风肃纪反腐中有更多获得感，进一步增强人民群众对党的信任和支持，厚植党的执政基础。

民生连着民心，民心关系国运。护航民生是我们党性质宗旨的根本体现，也是纪检监察机关的重要职责。医药卫生、教育公平、食品安全、生态环境、养老保障等问题与群众的生活息息相关，和群众切身利益最为贴近。2018 年 4 月，重庆安全技术职业学院原党委副书记、院长杜晓阳接受审查调查。杜晓阳主导学院虚报冒领学生资助金 643 万元放入小金库，其中 143 万元装进了她个人口袋。重庆市安全生产考试中心免除学生每人 50 元资格考试费，杜晓阳却隐瞒政策照旧收取；万州经济技术开发区和学校合作组织实习，每月给予每名学生 200 元生活补贴，杜晓阳却把学生付出劳动获得的补贴全部占为己有。整个学院里的宿舍楼、食堂、超市、教师宿舍、办公楼、运动场看台、塑胶跑道，杜晓阳都要从中牟利，寻找一切机会能贪则贪，利用校长职权牟利超过500 万元。重庆市纪委监委在查处杜晓阳及其他涉案人员的同时，也向该校发出《监察建议书》，督促学院党委落实党风廉政建设主体责任，健全管理制度、财务制度，切实保障学生利益不再受到侵害。2018 年 8 月，江苏省无锡市第二人民医院原党委副书记、院长易利华涉嫌严重违纪违法被留置的消息，在当地引发高度关注。其腐败案件涉及医药领域的一些深层次问题引起了无锡市纪委监委高度重视，他们由此入手，层层深入，彻底斩断了医药领域的黑色利益链。无锡市纪委监委在坚决查处公职人员违纪违法案件的基础上，与公安部门、卫生主管部门等联动开展深入查处，公安部门拘捕 61 名涉嫌商业贿赂的医药代表，卫生主管部门面向医院发布限期主动清退回扣的通知，形成强烈震慑。①

从这些故事可以看出，党的纪律检查体制改革、国家监察体制改革的实效已经充分凸显，从中央到基层、从政府机关到国有企业、从全体党员到所有行使公权力人员都在监督范围之中，都应当慎重使用权力。习近平总书记指出："自我监督是世界性难题，是国家治理的'哥德巴赫猜想'，我们要通过行动回答'窑洞之问'，练就中国共产党人自我净化的'绝世武功'。"②《中国共产党党内监督条例》明确："建立健全党中央统一领导，党委（党组）全面监督，纪律检查机关专责监督，党的工作部门职能监督，党的基层组织日常监督，党员民主监督的党内监督体系。"从党的十八届三中全会要求巡视、派驻"两个全覆盖"，到党的十八届六中全会制定党内监督条例推动党内监督全覆盖；从党的十九大后将所有行使公权力的公职人员纳入国家监察范围，到逐步形成纪律监督、监察监督、派驻监督、巡视监督"四个全覆盖"格局；从大力推动"有形覆盖"，再到走向"有效覆盖"，填补了从好党员到"阶下囚"、从好的公职人员到"阶下囚"两个方面监督的空白；从党内监督到党外监督，各类监督有机贯通、相互协调，增强监督合力，形成决策科学、执行坚决、监督有

---

① 资料来源：中央纪委国家监委宣传部、中央电视台联合摄制电视纪实专题片《国家监察》第 4 集《护航民生》。

② 《习近平著作选读》第二卷，人民出版社 2023 年版，第 126 页。

力的权力运行机制，党和国家监督工作逐步延伸到每个领域、每个角落。

三、把权力关进制度的笼子

"善除害者察其本，善理疾者绝其源。"把权力管住管好，让权力不脱轨、不越界，制度更带有根本性、全局性、稳定性和长期性。习近平总书记指出，"没有健全的制度，权力没有关进制度的笼子里，腐败现象就控制不住……建章立制非常重要，要把笼子扎紧一点，牛栏关猫是关不住的"①。只有依靠制度，才能科学界定权力使用范围、严格约束权力使用手段、严密规范权力使用程序。党的十八大以来，在党中央领导下，各级党组织贯彻全面从严治党指示要求，深化标本兼治，创新体制机制，全方位扎紧了制度笼子，更多地用制度治党、管权、治吏、盯人，坚持制度面前人人平等、执行制度没有例外，不留"暗门"、不开"天窗"，坚决地维护了制度的严肃性和权威性。

腐败高发易发区就是制度监督制约处。在相当长的一段时期里，煤炭资源领域腐败问题对内蒙古政治生态造成严重污染。2020年年初，内蒙古自治区刮骨疗毒，在全区推进专项整治工作，紧盯重点人重点事重点问题倒查20年。靶向整治之下，违规违法倒卖、配置煤炭资源，"骗煤""套煤"等一系列问题浮出水面，多名煤"老虎"现出原形。据不完全统计，9个月内，内蒙古共有41名厅级干部落马，其中倒在煤炭资源领域的不在少数。2020年3月，在能源领域深耕多年的内蒙古能源发电投资集团有限责任公司原党委书记、董事长薛昇旗因涉嫌严重

① 中共中央党史和文献研究院编：《习近平关于依规治党论述摘编》，中央文献出版社2022年版，第79页。

违纪违法，被内蒙古自治区纪委监委立案审查调查，成为当年内蒙古首位因"煤"落马的省管干部。经查，薛昇旗利用职务便利，违规从事营利性活动，大搞权钱交易，非法收受巨额财物，造成国有资金重大损失，于 2020 年 10 月 24 日被"双开"。结合在专项整治中发现的制度监管漏洞，内蒙古自治区党委办公厅印发《关于规范领导干部配偶、子女及其配偶参与矿产资源开发行为的规定（试行）》，明确六种参与矿产资源开发行为的具体情形，要求自治区领导干部配偶、子女及其配偶"不得在该领导干部管辖的区域或者业务范围内参与矿产资源开发，不得利用该领导干部的职权或者职务影响参与矿产资源开发"；在领导干部辞去公职或者退休 3 年内，"不得在其原任职务管辖的区域或者业务范围内参与矿产资源开发"。[①] 在规章制度的约束之下，自治区矿产资源领域的腐败问题得到了有效的遏制。

　　天下难事，必做于易；天下大事，必做于细。近年来，江苏省南京市纪委监委坚持标本兼治，既严肃查处问题，又梳理隐患风险，找准应对之策，逐步建立健全纠治"四风"问题的制度机制。比如，为了根治"车轮上的腐败"，南京市持续深入开展"公车私用""私车公养"等隐形变异问题专项整治。在专项整治行动中，全市立案审查私车公养问题 423 人，处理 255 人，其中党纪政务处分 194 人，挽回经济损失 144.47 万元。与此同时，运用专项监督成果，推动职能部门细化完善制度，修订完善《南京市党政机关公务用车管理办法》，推出"南京市公务用车信息化管理平台 2.0 版"，运用信息化手段加强公务车辆管理，实现对公务车、公务加油卡违规使用的预警监测和动态监控。该市江北新区纪工委监察工委在作风建设专项监督中发现，该区一街道工会主席利用负

责采购超市提货券、发放员工节日福利的职务便利，多次收受超市折扣返点共计 26300 元，私设小金库，并已将其中的 12000 多元用于个人消费。该同志受到党内严重警告处分，违纪款项予以收缴。针对这一问题，江北新区纪工委监察工委举一反三，及时对接江北新区机关总工会，推动其建立健全相关机制，堵塞监管漏洞，从源头上规范工会福利采购流程，扎紧制度笼子。此外，南京市纪委监委还探索开展落实中央八项规定精神配套制度情况"回头看"，针对突出问题、共性问题、容易反复出现的问题，督促相关职能部门加强分析研判，找准病根、完善制度、堵塞漏洞，进一步增强了监督的严肃性、协同性、有效性。①

这些故事告诉我们，扎紧制度笼子是防止权力出轨越线的根本前提和重要保证。习近平总书记指出，把权力关进制度的笼子里，首先要建好笼子。笼子太松了，或者笼子很好但门没关住，进出自由，那是起不了什么作用的。②深化纪检监察体制改革，不仅要查办案件，更要从案件中发现管理漏洞，不断完善制度，形成靠制度管权、管事、管人的长效机制。制度笼子设计得越科学有效、编制得越严密结实，权力出笼的概率就越小。如果制度设计和制度落实存在问题，就不可能使权力驯服于笼中。"牛栏关猫""纸笼锁虎"，既关不紧，也锁不住。

腐败不分大小，也不分轻重，群众身边的微腐败也可能成为大祸害。对于广大生活在农村的人民群众来说，"村里到底有多少资产？村里的钱是怎么花的？"是他们高度关注的问题。过去，农村集体"三资"（资金、资产、资源）由于缺乏有效监管，开支不合规、处置不合法、

---

① 《南京持续发力纠治作风顽疾，今年前 11 月查处违反中央八项规定精神问题 696 件 1001 人》，中央纪委国家监委网站，2020 年 12 月 22 日，见 https://www.ccdi.gov.cn/yaowen/202012/t20201222_232305.html。

② 参见中共中央文献研究室编：《习近平关于全面从严治党论述摘编》，中央文献出版社 2016 年版，第 200 页。

机制运行不规范，造成集体资金浪费、资产资源流失等现象，这些问题一度成为影响农村社会和谐稳定的重要因素。随着农村改革持续推进，深化改革的利箭瞄准了农村集体产权制度这个"靶心"。党的十八大以来，广东省东莞市一直在探索如何将制度的笼子扎密实，让盯上农村集体资产这块唐僧肉的"苍蝇"无法下口。东莞农村集体总资产在千亿元以上，约占广东全省同级资产的1/3，如此庞大资产的出租、出让，以往都是"村里一把手说了算"，如果对权力监督不到位就很容易滋生腐败。该市以《东莞市农村（社区）集体资产管理实施办法》为基础，在全省率先试点并全面推开农村集体资产交易和"三资"监管平台建设，将村组两级资产全部纳入平台进行交易，从2015年起开始引导平台交易在网上进行。比如，桥头镇邓屋社区曾经推出一个集体商铺的出租，17人报名竞拍、57轮出价全部通过网络进行，最终以4.25万元／半年的价格成交，是起拍价的3.5倍。现在，东莞农村的每一笔资产交易都在平台进行，每个环节都在网上一目了然。这一举措控住了农村廉政风险，也让村干部少了瓜田李下的顾忌，缓解了干群关系，还成功实现了农村集体资产的保值增值，促进了发展。

中国共产党从100年前建党时只有50多名党员，到今天已经成为拥有9800多万名党员、领导着14亿多人口大国、具有重大全球影响力的世界第一大执政党。习近平总书记指出，"制度优势是一个政党、一个国家的最大优势"①，要"构建以党章为根本、若干配套党内法规为支撑的党内法规制度体系"②。我国80%的公务员、95%以上的领导干部是共产党员，党内监督和国家监察既具有高度内在一致性，又具有高度互补性。形成比较完善的党内法规体系，是中国共产党为什么能的一条重

---

① 《习近平著作选读》第二卷，人民出版社2023年版，第303页。
② 《习近平著作选读》第一卷，人民出版社2023年版，第304页。

广西壮族自治区鹿寨县纪委监委探索微权力监督"互联网+"新模式。

要经验，是马克思主义为什么行、中国特色社会主义为什么好的一个重要表现，也是我们坚定道路自信、理论自信、制度自信、文化自信的一个重要依据。截至 2021 年 7 月 1 日，现行有效党的监督保障法规共 1370 部，其中中央党内法规 77 部，部委党内法规 57 部，地方党内法规 1236 部。这些法规牢牢扎紧了全面从严治党的制度笼子。

四、坚持推进党的自我革命

世界上最难翻越的山，是"自我"这座山。能够不断翻越"自我"这座山的执政党，就是不可战胜的力量。习近平总书记指出："在进行社会革命的同时不断进行自我革命，是我们党区别于其他政党最显著的标志，也是我们党不断从胜利走向新的胜利的关键所在。"①我们党的伟大不在于不犯错误，而在于从不讳疾忌医，敢于直面问题，勇于坚持真理，具有极强的自我革命能力。我们党能够团结带领人民不断创造历史辉煌，归根到底是因为通过持续推进自我革命来永葆初心、宗旨和本色，来保持党的肌体健康，以此赢得亿万人民群众的衷心拥护和信赖，从而画出最大同心圆，形成强大凝聚力，不断推进伟大社会革命。

"君子之过也，如日月之食焉：过也，人皆见之；更也，人皆仰之。"马克思主义政党要团结带领人民进行革命，首先要自身硬，这就要求进行自我革命，同一切弱化先进性、损害纯洁性的问题作斗争，祛病疗伤、激浊扬清。马克思说过，无产阶级革命与其他革命不同之处就在于：它自己批评自己，并靠批评自己壮大起来。敢于直面问题、勇于修正错误，是我们党的显著特点和优势。列宁讲过："一个政党对自己的错误所抱的态度，是衡量这个党是否郑重，是否真正履行它对本阶级和劳动群众所负义务的一个最重要最可靠的尺度。公开承认错误，揭露犯错误的原因，分析产生错误的环境，仔细讨论改正错误的方法——这才是一个郑重的党的标志。"②纵览中国共产党从创立到发展壮大的历史进程，本身就是一部革命史，并且始终坚持自我革命的优良传统。

习近平总书记指出："我们党之所以有自我革命的勇气，是因为我们党除了国家、民族、人民的利益，没有任何自己的特殊利益。"③一个

① 习近平：《论党的自我革命》，党建读物出版社、中国方正出版社、中央文献出版社 2023 年版，第 263 页。
② 《列宁选集》第 4 卷，人民出版社 2012 年版，第 167 页。
③ 习近平：《在省部级主要领导干部学习贯彻十八届六中全会精神专题研讨班开班式上的讲话》，《人民日报》2017 年 2 月 14 日。

没有自己特殊利益，心里只有国家、民族和人民利益的党，敢于和善于为了根本宗旨和崇高价值目标而纠治自身的问题、改正自身的错误，从而做到最彻底的自我革命。1929 年 12 月在福建省上杭县古田村召开的红四军第九次党的代表大会，见证了我们党和军队以彻底唯物主义态度查摆自身问题的坚定决心。古田会议决议的 8 个决议案，涵括关于纠正党内的错误思想、党的组织问题、党内教育问题、红军宣传工作问题、士兵政治训练问题、废止肉刑问题、优待伤病兵问题、红军军事系统与政治系统关系问题等，可谓光明坦荡直击问题，没有任何遮遮掩掩，既不忌讳红四军主要领导之间曾经反复争论的问题，也不回避从旧军队带来的坏习气和官兵中大量存在的各种非无产阶级思想等问题。尽管在会议召开前的一段时间，毛泽东遭受了红四军有关会议"放任内部斗争关门闹纠纷"带来的沉重打击，但在这次会议上，毛泽东仍然表示接受中共中央"九月来信"，包括对他工作方式的批评。朱德表示坚决拥护中央指示，欢迎毛泽东重回前委工作。陈毅深刻检讨自己在红四军"七大"时所犯错误，表示要"用布尔塞维克党的态度扫除一切敷衍调和、模棱两可的陈毅主义"。红四军主要领导人都能够从党和人民事业全局出发，刀锋向己推进自我革命，团结带领广大指战员一起解决当时面临的各种问题。古田会议正是因为系统性地、创造性地回答和解决了当时党和军队建设面临的一系列根本性方向性全局性问题，才对红四军甚至对全党全军的建设和发展产生了重大而深远的影响，从而成为人民军队建设史上的重要里程碑。2014 年 10 月，在古田全军政治工作会议期间，习近平总书记以同样坚定的立场、鲜明的态度查摆问题，对部队中特别是领导干部在思想政治和作风上存在的突出问题作了全方位的大盘点、大排查、大曝光，是什么问题就指明什么问题，问题严重到什么程度就披露到什么程度，不回避遮掩、不留情面，对官兵平时不敢捅破的问题，都来了个单刀直入、刺刀见红、一针见血。完全可以说，古田会议和古田全军政治工作会议所揭露的问题之多、之重，在我们党和军队历史上都是极为罕见的，都体现了党的领导人坚定的人民立场、强烈的忧患意识和彻底的自我革命精神。

我们党之所以能够不断应对挑战、抵御风险、克服阻力、战胜困难，很大程度上得益于党的领袖率先自我革命的精神和勇气，这是中国共产党独具特色的红色气质与精神魅力，是我们党的优良传统，也是我们党长盛不衰的重要原因所在。1942 年 2 月至 1943 年 9 月，整风运动在全党推开，着重组织党员干部学习马列主义，清除错误的思想方法和作风。在延安整风会上，毛泽东亲自带头作自我批评。他评价自己说："决议（指《关于若干历史问题的决议》）把许多好事挂在我的账上，我不反对，但这并不否认我有缺点错误，只是因为考虑到党的利益才没有写在上面，这是大家要认识清楚的。"[1]"一九四一年边区老百姓中有人说雷公咋不打死毛泽东，这就引起了我的警觉，分析原因，发现是征粮太重了，于是就发展大生产运动。党校去年有人说我是官僚主义，这也使我下决心到党校去多接近一些人。"[2] 毛泽东带头开展批评和自我批评，营造了坦诚相待、团结同志，同时又敢于批评、帮助同志的良好局面，有力推动了整风运动的深化。党的领袖有了这样的优秀品质，带动了整个中央政治局成为"勇于自我革命的战士"，党的自我革命实现强有力的推进。

实践没有止境，理论创新也没有止境。中国共产党人始终秉承砥砺自省、笃行不怠，不断推进管党治党实践创新和理论创新，形成了独具特色的自我革命理论成果，丰富了马克思主义建党学说。2022 年 10 月 27 日，党的二十大闭幕不到一周，习近平总书记带领二十届中共中

---

[1]　《毛泽东文集》第三卷，人民出版社 1996 年版，第 284 页。
[2]　《毛泽东文集》第三卷，人民出版社 1996 年版，第 285 页。

央政治局常委来到中国革命"胜利的出发点"延安。在杨家岭毛泽东同志旧居里，一张泛黄的照片吸引了习近平总书记的目光。那是 1945 年 7 月初，毛泽东同志到机场迎接前来考察的黄炎培一行。在延安的窑洞里，黄炎培提出如何跳出"其兴也勃焉，其亡也忽焉"历史周期率的问题，毛泽东同志给出第一个答案，就是"让人民来监督政府"。在党的二十大报告中，习近平总书记指出："经过不懈努力，党找到了自我革命这一跳出治乱兴衰历史周期率的第二个答案。"①2024 年 1 月，在二十届中央纪委三次全会上，习近平总书记深入系统阐述了党的自我革命的重要思想，科学回答了我们党为什么要自我革命、为什么能自我革命、怎样推进自我革命等重大问题。

　　腐败是危害党的生命力和战斗力的最大毒瘤，反腐败是最彻底的自我革命。一百多年以来，我们党始终坚持不懈同消极腐败现象作斗争，确保党永葆旺盛生命力和强大战斗力。1926 年，党中央发布党史上第一个惩治贪腐的文件——《关于坚决清洗贪污腐化分子的通告》。1933 年，中华苏维埃共和国发布《关于惩治贪污浪费行为》训令，明确贪污浪费行为量刑标准，惩处了谢步升、熊仙璧等一批贪污腐化分子。1941 年，《陕甘宁边区施政纲领》提出"厉行廉洁政治"，明确"共产党员有犯法者从重治罪"，边区依法严惩肖玉璧等违法乱纪、贪污腐败分子，保证了党员干部队伍的清正廉洁。党通过自我革命，坚决清除贪污腐化分子，巩固党的组织，纯洁党的队伍，不仅夺取了新民主主义革命的伟大胜利，更为党在全国范围内执政夯实了政治根基。1952 年《中华人民共和国惩治贪污条例》公布实施，成为新中国第一部系统性的反贪法律规范。"三反"运动中，严肃查处了刘青山、张子善贪腐案，教育了广大党员干部，在人民群众心目中树立了共产党人执法如山的形象。这一

---

① 《党的二十大报告辅导读本》，人民出版社 2022 年版，第 13 页。

时期，党紧紧依靠群众，运用整党整风这一自我革命的有效方式，"在扫除旧社会的污泥浊水、保持党和国家机关清正廉洁方面，取得了举世公认的成就"①。党的十八大以来，以习近平同志为核心的党中央坚持打铁必须自身硬，把反腐败斗争提升到最彻底的自我革命新高度，以"得罪千百人、不负十四亿"的使命担当祛疴治乱，不敢腐、不能腐、不想腐一体推进，"打虎""拍蝇""猎狐"多管齐下，赢得了人民群众的衷心拥护。2024 年 1 月 26 日《人民日报》刊发中央纪委国家监委通报，2023 年全国纪检监察机关共接收信访举报 345.2 万件次，其中检举控告类信访举报 105.7 万件次。处置问题线索 173.3 万件，其中谈话函询类 36.3 万件。立案 62.6 万件，其中立案中管干部 87 人、厅局级干部 3456 人、县处级干部 2.7 万人、乡科级干部 8.9 万人。涉及人员中被处分人数高达 61 万人。② 充分彰显了"有案必查、有腐必惩""决不让腐败分子有任何藏身之地"的决心意志。通过不懈努力，我们党找到了自我革命这一跳出治乱兴衰历史周期率的第二个答案，以反腐惩恶的雷霆之势刹住了一些长期没有刹住的歪风，纠治了一些多年未除的顽瘴痼疾，清除了党、国家、军队内部存在的严重隐患。实践雄辩地证明，中国共产党能够带领人民进行伟大的社会革命，也能够进行伟大的自我革命。

党的自我革命是个永恒课题，不可能一劳永逸。只有通过坚持自我革命，形成各个环节环环相扣的自我革命制度规范体系，并随着时代发展与时俱进，生生不息进化迭代，在中不断优化中形成把全面从严治党要求转变为现实效果的闭环运行的制度机制回路。这样，人民就能及时感受到全面从治党的成果，从而不断坚定对党的信心信任信赖，进一步

---

① 邵景均：《中国共产党 90 年反腐败的基本经验》，《中共中央党校学报》2011 年第 9 期。

② 《2023 年全国纪检监察机关处分 61 万人》，《人民日报》2024 年 1 月 26 日。

支持拥护我们党治国理政，也给予我们党纠偏改错、自我革命的空间和机会。同时，人民也把发现的问题反馈给我们党，我们党借此持续不断地纠偏改错、自我革命，进一步赢得人民信任和支持，形成人民群众信任支持与党的自我革命的良性循环。美国公关公司爱德曼发布的 2020 年度"全球信任度调查报告"，受访者被要求对本国政府、企业、媒体和非政府组织四类公共机构的信任度进行评价。这个调查结果显示，中国民众对政府的信任度达到 90%（2019 年为 86%，2018 年为 84%），连续 3 年高居所有被调查的国家和地区之首。这么高的信任度，既是我们党自我革命行得通的有力证明，也为我们党持续推进自我革命创造了有利条件。

五、抓住领导干部这个"关键少数"

"其身正，不令而行；其身不正，虽令不从。"习近平总书记强调，"领导干部是党的执政骨干，只有管住'关键少数'，特别是高级干部和各级主要领导干部，全面从严治党才有震慑力和说服力"①。早在 1932 年 5 月，在中央苏区查办瑞金县叶坪村苏维埃政府主席谢步升案时，针对查处此案出现的一些认识误区，毛泽东明确指出："这样的人必须调查处理。腐败不清除，苏维埃旗帜就打不下去，共产党就会失去威望和民心！与贪污腐化作斗争，是我们共产党人的天职，谁也阻挡不了！"② 最终谢步升因贪污公款、谋财害命等严重罪行，被依法判处死刑。这也是中华苏维埃共和国临时中央政府打响的惩治腐败"第一枪"。为切实履

① 中共中央党史和文献研究院编：《习近平关于全面从严治党论述摘编（2021 年版）》，中央文献出版社 2021 年版，第 34 页。

② 胡昌勇：《中华苏维埃共和国的故事》，《人民政协报》2021 年 11 月 12 日。

行好共产党人的这一"天职"，我们党一直进行着卓有成效的努力，不断保持和发展党的先进性、纯洁性，为保障党和人民事业的不断胜利发展发挥了重大作用。

2021年6月6日，中央纪委国家监委对6起违反中央八项规定精神典型问题进行公开通报。一是中国铁路上海局集团有限公司合肥工务段原段长、党委副书记蒋浩违规公款吃喝等问题。2017年2月至2021年3月，蒋浩先后组织合肥工务段部分领导班子成员违规公款吃喝51次，共计消费金额5.66万元，其中4.95万元采取套取工程款方式支付；安排办公室采购烟酒共计7.93万元，费用采取套取工程款方式支付。蒋浩还存在其他违规违纪问题。蒋浩受到撤销党内职务、撤职处分，其他相关责任人受到相应处理，被责令退赔相关费用。二是浙江省杭州市道路运输管理局西湖风景名胜区管理处原处长王之达违规发放津贴补贴等问题。2013年至2019年，王之达通过签订虚假用工合同、伪造工资表等形式套取资金，以春运加班补助、职工庆生费等名义，违规发放津贴补贴共计41.41万元，其中王之达个人领取5.35万元；违规公款购买超市预付卡、大闸蟹礼券等共计8.18万元用于送礼。王之达还存在违规套取资金设立"小金库"等违纪问题。王之达受到开除党籍、政务撤职处分，降为一级科员，被责令退赔相关费用。三是甘肃省兰州市榆中县不顾实际使用大额财政资金建设景观工程问题。2016年至2019年，榆中县耗资5300余万元在县城北出口修建两座仿古城门、两个小广场和一座雕塑，没有将有限的财力优先用于改善民生，而是将本应服务群众的城市基础设施建成了华而不实的形象工程，造成不良影响。时任县委书记王晓宁受到党内严重警告、政务记大过处分，时任县长王林受到党内警告、政务记过处分。四是中国石油昆仑银行伊犁分行原党总支书记、行长帅毅林违规公款送礼等问题。2018年9月至2019年6月，帅毅林安排伊犁分行综合部以业务招待等名义公款购买8箱48瓶飞天茅台酒用于违规送礼，费用 8.97 万元；2018 年 7 月至 2019 年 3 月，以虚列业务招待费的方式套取公款 2.02 万元，用于送礼和个人吃喝消费；2019 年 4 月至 6 月，授意分行业务部编造虚假营销活动方案，套取公款 10.15 万元用于请客送礼。帅毅林还存在违规报销等问题。帅毅林受到撤销党内职务、撤职处分，降为三级正职管理人员，被责令退赔相关费用。五是四川省雅安市石棉县人民检察院原党组书记、检察长吴超平公车私用等问题。2016 年 12 月至 2020 年 5 月，吴超平先后 20 次因私安排单位公车送其往返成都、雅安、米易等地，产生的费用 6000 余元用公款支付。此外，吴超平先后 24 次以前往省级部门汇报工作、到成都保养车辆等名义违规报销差旅、住宿等费用 2.34 万元。吴超平受到党内严重警告处分，被责令退赔相关费用。六是华润雪花啤酒浙江区域公司温瑞销售大区助理总经理康宾超标准乘坐交通工具问题。2018 年 9 月至 2020 年 4 月，康宾超标准乘坐飞机头等舱、商务舱共 11 次，涉及金额 16760 元。康宾受到降级处分，被责令退赔相关费用。①

这六起案例虽然情形不同，但都是"关键少数"违背党的宗旨、挥霍浪费国家资源的典型。有的政绩观有偏差，"不是自己的钱心不疼"，铺张浪费、大手大脚，甚至糟蹋财政，大搞劳民伤财的政绩工程、形象工程；有的把公款当"唐僧肉"，挖空心思"咬一口"，追求个人享乐。这些案例的通报释放了强烈的信号，监督没有禁区、没有例外。在监督全面覆盖的基础上，监督的重点是对"关键少数"的监督。通过持续强化对"关键少数"的监督，建立健全公务接待、财物管理等制度，教育引导党员干部大力发扬艰苦奋斗、勤俭节约的优良作风，发挥示范带头作用，推动在全社会营造浪费可耻、节约光荣的良好氛围。

---

① 参见《中央纪委国家监委公开通报六起违反中央八项规定精神典型问题》，新华网，2021 年 6 月 7 日，见 http://ha.people.com.cn/n2/2021/0607/c351638-34765446.html。

　　2016 年修订颁布的《中国共产党党内监督条例》规定："党的领导干部应当每年在党委常委会（或党组）扩大会议上述责述廉，接受评议。"在山东省 2018 年度各市市委书记向省纪委全会述责述廉会议上，类似"党的十八大以来，你市先后有多名省管干部严重违纪违法被查处，你作为市委书记，在履行管党治党第一责任方面将采取哪些措施？"[①] 等一个接一个"辣味十足"的问题被提出来，直指市委书记履行全面从严治党主体责任的关键环节。现在，山东省在省市县三级构建起规范有序、务实有效的述责述廉工作体系，持续促进述责述廉常态化、规范化，为压紧压实"关键少数"主体责任、强化党内监督提供了有效载体

重庆市渝北区运用大数据精准发力监督执纪。

---

　　①　王诗雨：《看，抓"关键少数"这些实招》，《中国纪检监察》2019 年第 10 期。

和渠道。而让"关键少数"走上台来，亮出家底、直面质询，当面锣、对面鼓，也在全国各地成为常态。述责述廉作为加强对"关键少数"监督、推进红脸出汗常态化的重要制度和抓手，推动形成真问真评真"出汗"，既述出了压力，也述出了实效。

近年来，一些地方还运用科技手段创新监督手段，监督"关键少数"收到了实效。陕西省宝鸡市纪委监委为充分发挥廉政档案在日常监督和审查调查中的作用，从"关键少数"着手，建立起市管干部电子廉政档案一体化管理平台，多维度精准"画像"、立体式"望闻问切"，运用"大数据"综合分析研判县区和部门政治生态状况。他们通过动态更新 1600 余名市管干部电子廉政档案，实现信息的采集、统计、分析、查询等应用功能，宝鸡市纪委监委能实时掌握领导干部的"廉情"变化，切实把"关键少数"置于严密监督之下，让廉政档案的"管"和"用"都活起来。凭借这一平台，宝鸡市纪委监委在对市管干部廉政信息和违纪违法记录比对时，发现问题线索 32 件，立案 10 人。①

"率军者披坚执锐，执戈者方能战不旋踵。"监督全覆盖并不意味着什么都管，各地纪委监委准确把握全覆盖与抓重点的关系，通过抓"关键少数"引领"绝大多数"，发挥了纲举目张、执本末从的良好效果。实践证明，把党员领导干部这个"关键少数"盯住了、抓好了，促使其扛起扛牢管党治党政治责任，才能形成"头雁效应"，真正管住"绝大多数"。

六、构建一体推进不敢腐、不能腐、不想腐体制机制

腐败问题对党的执政基础破坏力最大、杀伤力最大，是党面临的最

---

① 参见王诗雨：《看，抓"关键少数"这些实招》，《中国纪检监察》2019 年第 10 期。

大威胁。中国共产党自成立以来，不断根据形势与任务的变化及时调整反腐败方针策略，把反腐败工作作为一项系统工程来推进。新中国成立初期，毛泽东在领导"三反"运动中，就注重发挥教育、惩治和监督的作用。党的十八大以来，以习近平同志为核心的党中央作出一体推进"三不"的重大战略部署。2013年1月，在十八届中央纪委二次全会上，习近平总书记提出"三不"的目标任务，"要加强对权力运行的制约和监督，把权力关进制度的笼子里，形成不敢腐的惩戒机制、不能腐的防范机制、不易腐的保障机制"①。2014年1月，在十八届中央纪委三次全会上，习近平总书记进一步发展"三不"思想，提出"形成不想腐、不能腐、不敢腐的有效机制"②。2019年1月，习近平总书记在十九届中央纪委三次全会上提出，"不敢腐、不能腐、不想腐是一个有机整体，要深化标本兼治，用好治标利器，夯实治本基础，一体推进不敢腐、不能腐、不想腐"。2020年1月，在十九届中央纪委四次全会上，习近平总书记强调，一体推进"三不"，不仅是反腐败斗争的基本方针，也是新时代全面从严治党的重要方略。2021年1月，在十九届中央纪委五次全会上，习近平总书记要求，坚定不移推进反腐败斗争，不断实现"三不"一体推进战略目标。2021年4月，习近平总书记在广西考察时强调："要始终抓好党风廉政建设，使不敢腐、不能腐、不想腐一体化推进有更多的制度性成果和更大的治理成效。"③2022年6月17日，习近平总书记在中共中央政治局第四十次集体学习时强调，"提高一体推进'三不腐'能力和水平，全面打赢反腐败斗争攻坚战持久战"④。从"三不"

---

① 《习近平谈治国理政》第一卷，外文出版社2018年版，第388页。

② 习近平：《论坚持人民当家作主》，中央文献出版社2021年版，第78页。

③ 《习近平在广西考察时强调　解放思想深化改革凝心聚力担当实干　建设新时代中国特色社会主义壮美广西》，《人民日报》2021年4月28日。

④ 《习近平在中共中央政治局第四十次集体学习时强调　提高一体推进"三不腐"能力和水平　全面打赢反腐败斗争攻坚战持久战》，《人民日报》2022年6月19日。

到一体推进"三不腐",从"基本方针"到"战略目标",再到"更多制度性成果和更大治理成效",背后折射出的是全面从严治党理论和实践上的创新与飞跃。

一个个腐败分子被绳之以法产生了强大震动,制度性成果也对违纪违法人员产生了强大震慑。2018 年 1 月底,广东省四会市监委挂牌成立当天,一名村民小组组长就主动来到该市纪委监委投案,"我是来交代问题的",并退缴 5000 元违纪违法所得。同年 3 月底,监察法颁布实施后,四会市纪委监委组织市医疗卫生系统干部专题学习监察法。学习结束后,市妇幼保健院院长曾某某来到市纪委监委,主动交代其在担任院长期间收受红包礼金 7 万多元的问题,"监察法颁布后,我从网上下载了法律条文认真阅读。当看到自己也是监察对象时,很惶恐、犹豫、

2019 年 11 月 20 日,江西省首个监察教育馆在南昌市正式开馆。

2019 年 12 月 13 日，山东省乳山市党员干部在廉政警示教育基地接受廉政警示教育。

不安，那天参加完学习会后，就下定决心投案自首"。深化国家监察体制改革，将所有行使公权力的公职人员纳入监察范围，做到了全覆盖、无死角，让过去曾自认为"没人管"的人放弃了幻想。①

列宁指出："政治上有教养的人是不会贪污受贿的。"②党的十八大以来，我们党从夯实党员理想信念之基入手，先后开展了党的群众路线教育实践活动、"三严三实"专题教育、"两学一做"学习教育、"不忘初心、

---

① 参见罗有远等：《强化震慑与感召让违纪违法者回归正途》，《中国纪检监察报》2019 年 4 月 5 日。

② 《列宁选集》第 4 卷，人民出版社 2012 年版，第 588 页。

牢记使命"主题教育等，使广大党员干部接受了思想洗礼，提升了精神境界。近年来，各级纪检监察机关在加强廉政教育的基础上，尤其注重运用违纪违法典型案例，深入开展警示教育，扎实做好查办案件"后半篇文章"。以江苏省南京市纪委监委为例，2020 年面向全市各级党组织播放警示教育片 880 多场次，5.1 万余人次接受教育；充分发挥省市共建的全省党风廉政警示教育基地作用，累计接待前来学习的党政机关和企事业单位 237 家 10889 人次；坚持"每周 + 节前"廉政提醒，向全市党员领导干部发送廉政短信 49 期 9.9 万条次。

江西省上犹县纪委监委坚持一体推进不敢腐、不能腐、不想腐，把典型案例转化为警示教育资源，针对不同领域及行业，分层分类制定"现场式、在线式、滴灌式、菜单式"警示教育"套餐"，做深做实同级同类干部警示教育。"在线式"警示教育针对一些党员干部、公职人员政治意识、宗旨意识、纪法意识不强的问题，依托县纪委监委网站、微信公众号等载体，开设"监督曝光""审查调查""警钟长鸣"专栏，创新表达方式，对被查处党员干部接受审查调查、开除党籍公职、庭审等环节，进行"全链条式"通报曝光，切实增强纪法宣传教育的吸引力、感染力、说服力，增强不敢腐的震慑效应。"滴灌式"警示教育采取"1+3"方式，即：对每一起查处的案件，由一名委班子成员组织纪检监察室、案件审理室进行"解剖麻雀"，制定警示教育方案，实施"两会一书"警示教育。在宣布处分决定时，结合事实证据和党纪国法对受处分人开展纪法教育，促其进一步认错悔错改错，并把处分决定宣布现场当作警示教育课堂，在其单位召开警示教育大会，把"写在纸上的处分决定"转化为释责、说纪、明法的鲜活课堂。纪检监察室撰写案件剖析报告，将发案原因、整改要求、对策建议融入其中，向案发单位送达纪检监察建议书，并参加该单位专题民主生活会，跟踪督促其抓实整改，履行好全面从严治党主体责任，扎紧不能腐的制度笼子。"菜单式"警示教育深挖涉案党员干部不收敛、不收手，心存侥幸、顶风作案的"病灶"，定期梳理全县纪检监察系统每年查处的党员干部违纪违法典型案例，连续 5 年印发警示教育读本，包括相关领域、涉案人员、违纪违法类型、处理方式等内容，及时为各乡镇、部门和单位提供警示教育"菜单"，方便各单位运用身边事教育身边人。

这些故事告诉我们，不敢腐、不能腐、不想腐三者密不可分，它们不是三个阶段的划分，也不是三个环节的割裂，而是相互融合、环环相扣的有机整体。不敢腐是前提，是纪律、法治、威慑，解决的是腐败成本问题；不能腐是关键，是制度、监督、约束，解决的是腐败机会问题；不想腐是根本，是认知、觉悟、文化，解决的是腐败动机问题。"三不"缺一不可，只有强化系统集成、注重协同高效，才能形成反腐败工作的强大合力和整体效应。

党的十八大以来，在党中央坚强领导下，截至 2021 年 6 月 28 日，中央纪委共立案审查调查中管干部 453 人，厅局级干部 2.2 万人、县处级干部 17 万余人、乡科级干部 61.6 万人；全国纪检监察机关立案审查案件 380.5 万件、查处 408.9 万人、给予党纪政务处分 374.2 万人，运用监督执纪四种形态批评教育帮助和处理 883.4 万人；查处违反中央八项规定精神问题 62.6 万件，查处形式主义、官僚主义问题 21.7 万件，处理 32.2 万人。2014 年"天网行动"开展以来，从 120 个国家和地区追回外逃人员 9165 人，其中党员和国家工作人员 2408 人，追回赃款 217.39 亿元，"百名红通人员"已有 60 名归案。党的十九大以来，查处民生领域侵害群众利益问题 39 万余件，处理 35.9 万人；查处扶贫领域腐败和作风问题 28 万件，处分 18.8 万人；查处黑恶势力"保护伞"相关案件 9.3 万件，处理 8.4 万人。在党的政策感召和惩治腐败的震慑下，主动找党组织、找纪检监察机关投案的 4.2 万人。新时代全面从严治党取得了历史性、开创性成就，产生了全方位、深层次影响，为实现第一个百年奋斗目标提供了强大政治引领和坚强政治保障。国家统计局 2020 年年底的调查显示，95.8%的群众对全面从严治党、遏制腐败充满信心，比党的十八大前的 2012 年的调查提高了 16.5 个百分点。在反腐败斗争取得压倒性胜利并巩固发展，但是依然严峻复杂的形势下，只有坚持标本兼治，锲而不舍，积跬步至千里，积小胜为大胜，才会早日迎来海晏河清的清明景象。

第十六章 把我国制度优势更好转化为国家治理效能

——深入推进国家治理体系和治理能力现代化

"现在走上了平坦路、喝上了干净水、用上了卫生厕、连上了互联网，生活条件越来越好了。促进共同富裕写进了党的十九届六中全会公报中，更让我们对未来的生活充满了希望。"江西宜春袁州区湖田镇林田村村民苏长东在该村新屋下组的一场"屋场恳谈会"中由衷地感慨到。在这场别开生面的恳谈会中，村民们与村党支部书记易海泉等围坐成一圈，结合党的十九届六中全会精神，讲感受、话生活、谈变化。

林田村这样的"屋场恳谈会"是袁州区发挥"屋场会"优势，把严肃会场搬进活泼农村屋场的一个缩影。2021 年，袁州区以 343 个新时代文明实践站为载体，召开"屋场会"410 余场，解决村民实际问题 1150 余个。在湖田镇党委书记钟学锋看来，通过"屋场会"，让广大村民"话有地方说、事有地方办，困难有人帮、问题有人管"，不论是"点赞"还是建议，村民的事"件件有回应"。

"制度优势是一个政党、一个国家的最大优势。"① 袁州区"屋场会"破解基层问题带来的良好效果，正是中国特色社会主义制度优势转化为

---

① 《习近平著作选读》第二卷，人民出版社 2023 年版，第 303 页。

居民在青岛市即墨区潮海街道古城社区新时代文明实践站里阅读。

国家治理效能的一个缩影。在 960 多万平方千米的中华大地上还有许许多多像袁州区这样的地方，不断以良好有效的治理效能展现出百年来中国共产党形成的中国特色社会主义制度体系的强大优势。

一、在毫不动摇地坚持和巩固中凸显效能

通常而言，一个国家、民族走什么道路、选择什么样的指导思想、社会制度和发展模式，并不是由哪一些人、哪一个政治团体依其主观意愿决定的，而是取决于这个国家、这个民族的生产力发展水平、经济基础、阶级阶层构成，以及历史文化特征、社会综合背景、内外联系交流

等。翻开人类文明史，我们会发现，中华文明植根于"和而不同"的多民族文化沃土，历史悠久，是世界上唯一没有中断、发展至今的古文明。而一个国家的社会制度恰恰产生孕育于这个国家长久以来的文明和文化传统。中国特色社会主义制度体系是中华民族几千年文明演进的产物，是中国共产党百年奋斗的结晶。

鞋子合不合脚，只有穿鞋的人最清楚。新中国成立70多年来，中国人民应该有这样的切实体会，那就是，只有社会主义才能救中国，只有中国特色社会主义才能发展中国。在当今时代，中国特色社会主义制度越来越与我国历史文化传统和现实国情相契合，越来越显示出强大的治理效能。只有在毫不动摇的坚持和巩固中，才能更进一步凸显中国特

海南洋浦经济开发区的洋浦国际集装箱码头（无人机照片）。

深中通道伶仃洋大桥东塔、西人工岛及远处的深圳市区（2022 年 6 月 7 日摄）。

色社会主义制度的强大效能。

　　制度的演进和形成，制度的性质和发展方向的确立，从来都是一个漫长过程。一个社会要形成一套比较成熟完备的制度体系，要确立明确的性质和方向，往往需要较长甚至很久的历史时期。英国从 1640 年发生资产阶级革命到 1688 年"光荣革命"形成君主立宪制，确立资本主义方向，用了几十年时间；美国从 1775 年独立战争到 1865 年南北战争结束，新体制的稳定用了将近 90 年时间；法国从 1789 年资产阶级革命到 1870 年第二帝国消亡、第三共和国成立，用了 80 多年时间；日本从 1868 年开始明治维新，直到第二次世界大战结束后才形成了现在的体制。

　　事非经过不知难，中国特色社会主义制度体系的探索、形成经历了漫长而艰难的过程。1949 年新中国的成立，在中华民族历史上、在社会主义运动史上是具有标志性意义和里程碑意义的重大事件。从那时起，中华民族近代以来悲怆惨绝的命运得以扭转，社会主义从理论到实践、一国到多国的发展如乘东风。70 多年来，我们党领导人民创造了世所罕见的经济快速发展奇迹和社会长期稳定奇迹，中华民族迎来了从站起来、富起来到强起来的伟大飞跃。奇迹的背后，中国特色社会主义制度从初步确立到逐步完善、从探索前进到更加成熟更加定型；社会主义国家治理从照搬苏联模式到走自己的路、探索形成适合中国国情的国家治理体系。

方向是旗帜和灵魂，决定着国家的前途命运。西汉的刘向在《战国策·魏策四》中曾记载这样的一个故事：今者臣来，见人于太行，方北面而持其驾，告臣曰："我欲之楚。"臣曰："君之楚，将奚为北面？"曰："吾马良。"臣曰："马虽良，此非楚之路也。"曰："吾用多。"臣曰："用虽多，此非楚之路也。"曰："吾御者善。"此数者愈善，而离楚愈远耳。这个故事的大概意思是讲，战国时期，有个人要去楚国。他驾着马车在太行道上急驰。路上遇到的同路人，得知他要去楚国时，好心提醒他楚国在南方，而他却朝北方走。然而，这人不慌不忙地说："没关系，我的马跑得快，不愁到不了楚国。"同路人见这人如此糊涂，无可奈何地摇头叹气。后来这个故事就引申出"南辕北辙"的成语。故事生动地说明道路和方向一旦错误，只能是背道而驰。70 多年来，我们在推进制度建设的过程中，始终沿着正确方向前进，坚持社会主义基本制度不动摇，坚持党的领导不动摇，坚持马克思主义指导地位不动摇，确保社会主义事业不偏向、不变色。

细心的人会发现，从社会主义民主政治、中国特色社会主义法治体系到社会主义市场经济、社会主义先进文化等，在中国特色社会主义制度体系中，不同制度前同样都有"社会主义"。这里的"社会主义"绝不是可有可无的修饰，而是标定了这些制度的根本方向和性质。"中国特色社会主义不是从天上掉下来的，是党和人民历尽千辛万苦、付出各种代价取得的根本成就。"① 把我国制度优势更好转化国家治理效能，必须毫不动摇地坚持中国特色社会主义的方向。

习近平总书记在庆祝改革开放 40 周年大会上的讲话中，掷地有声地指出："改什么、怎么改必须以是否符合完善和发展中国特色社会主义制度、推进国家治理体系和治理能力现代化的总目标为根本尺度，该改的、能改的我们坚决改，不该改的、不能改的坚决不改。"② 坚持和完善中国特色社会主义制度，必须要毫不动摇地坚持社会主义的方向，这是须臾不可动摇的。中国共产党的领导是中国特色社会主义的本质特征。毫不动摇地坚持和巩固中国特色社会主义制度，首先就要坚持党的领导，在党的领导下，坚定正确的方向。

中国特色社会主义制度好比一个完整严密的大家庭，这个家庭是完整严密的科学制度体系。其中，家庭成员包括中国特色社会主义根本制度、基本制度、重要制度等。毫不动摇的坚持和巩固中国特色，就要按照根本制度、基本制度、重要制度在内政外交国防、治党治国治军等方面对党和国家事业作出的制度安排，以此为准星，自觉对标，不能有偏差。应当看到，社会主义制度和资本主义制度之间的竞争博弈由来已久。社会主义制度自诞生之日起，就与资本主义制度产生斗争和博弈。社会主义中国也一直处于资本主义国家的"围剿"和打压之中。无论是新中国成立初期的外交孤立、经济制裁、军事封锁，还是当前的贸易摩擦、战略包围等，资本主义国家从未放弃过对社会主义中国的打压，其中制度上的颠覆是主要目的之一。放眼未来，两种制度的竞争和博弈会

---

① 习近平：《在纪念毛泽东同志诞辰 120 周年座谈会上的讲话》，人民出版社 2013 年版，第 14 页。

② 《习近平著作选读》第二卷，人民出版社 2023 年版，第 225 页。

更加深刻剧烈。保持中国特色社会主义强大的定力，以坚若磐石的决心笃定社会主义性质不动摇，才能最大限度地将制度优势转化为治理效能。

二、在与时俱进地完善中推进中国式现代化

世界上没有天生就很完美无缺的制度体系，任何制度体系都要经历一个动态演进、不断调整、持续完善的过程。只有随着时间、环境、条件的变化不断作出相应的优化、调整和改进，才能使治理效能充分发挥，治理水平充分彰显。中国共产党是拥有坚定制度自觉和自信的马克思主义政党，从党的一大开始，我们党就把建立美好的共产主义制度作为重要目标写入自己的纲领。百年来，依靠坚定的制度自觉和自信，我们党带领人民完成新民主主义革命，缔造了人民当家作主的新中国，实现了中国从几千年封建专制制度向人民民主制度的伟大跨越；进行了社会主义改造，确立了社会主义基本制度，为当代中国一切发展进步奠定了根本政治前提和制度基础；推进改革开放伟大历史进程，成功开辟、坚持和发展了中国特色社会主义道路，形成了一整套相互衔接、相互依存的中国特色社会主义制度体系，为中国特色社会主义事业注入了强大生机和活力。

中国特色社会主义制度的确立、形成和发展，既不是一蹴而就，也不能一劳永逸，制度的确立和形成不等于制度的定型。应该看到，中国特色社会主义制度是特色鲜明、富有效率的，但还不是尽善尽美、成熟定型的。特别是中国特色社会主义进入新时代，社会主要矛盾发生转化，国家治理也面临新形势新任务新挑战，对中国特色社会主义制度的完善和发展提出更高要求。党的十九届四中全会既从总目标、总要求上

对坚持和完善中国特色社会主义制度的根本制度、基本制度、重要制度提出明确要求，又在不同方面对如何坚持和完善中国特色社会主义的各项制度提出重要部署。

比如，强调突出坚持和完善支撑中国特色社会主义制度的根本制度、基本制度、重要制度，着力固根基、扬优势、补短板、强弱项，构建系统完备、科学规范、运行有效的制度体系，加强系统治理、依法治理、综合治理、源头治理，把我国制度优势更好转化为国家治理效能，为实现第一个一百年奋斗目标、实现中华民族伟大复兴的中国梦提供有力保证。提出坚持和完善中国特色社会主义制度、推进国家治理体系和治理能力现代化的总体目标是，到我们党成立一百年时，在各方面制度更加成熟更加定型上取得明显成效；到二○三五年，各方面制度更加

2022 年 5 月 18 日，在福建省南安市九牧高端灯塔工厂，机械臂在流水线上作业。

完善，基本实现国家治理体系和治理能力现代化；到新中国成立一百年时，全面实现国家治理体系和治理能力现代化，使中国特色社会主义制度更加巩固、优越性充分展现。

比如，明确了如何坚持和完善党的领导制度体系，如何坚持和完善人民当家作主制度体系，如何坚持和完善中国特色社会主义法治体系，如何坚持和完善中国特色社会主义行政体制，如何坚持和完善社会主义基本经济制度，如何坚持和完善繁荣发展社会主义先进文化的制度，如何坚持和完善统筹城乡的民生保障制度，如何坚持和完善共建共治共享的社会治理制度，如何坚持和完善生态文明制度体系，如何坚持和完善党对人民军队的绝对领导制度，如何坚持和完善"一国两制"制度体系，如何坚持和完善独立自主的和平外交政策，如何坚持和完善党和国家监督体系，等等。

可以说，中国特色社会主义事业日益发展壮大，涉及的领域和方面不断拓展，但有的新领域相关制度还没有完全建立起来，存在制度空缺。因此，要"勤打补丁"，堵上制度漏洞，也要不断"适时升级"，以小步快跑来促进制度的迭代升级。同时要保证"及时卸载"，对一些严重滞后于形势发展的制度，要根据具体情况，及时清理"僵尸"，卸载废止，打造清清爽爽、干净高效的制度体系。

三、在研究教育中坚定制度自信

2019 年 11 月，党的十九届四中全会闭幕不久，中央宣讲团就奔赴全国各地开展宣讲，作报告 30 多场，举办各种形式的互动交流活动近 50 场，直接听众约 45 万人，间接收听收看的达 1800 多万人。随后，各地各部门结合各自实际，开展了广泛深入的基层宣讲活动，推动在华夏大地迅速兴起学习宣传贯彻全会精神的热潮。把我国制度优势更好转化国家治理效能是一个与时俱进、综合性的复杂工程。它既需要不断完善经济、政治、文化、社会和生态文明等各方面制度保障，也需要不断加强研究并强化思想层面的方向引领。

当中央宣讲团成员走进城市社区和乡镇，和党员群众面对面，展开互动式宣讲的亲切感就油然而生。在唠家常一般的交谈中，党的十九届四中全会精神如春风化雨般浸入心田。从大礼堂到小山村，一场场充满感染力和号召力的宣讲，让更多党员群众坚定了制度自信，明确了行动方向。在顺利实现脱贫的河南安阳林州市黄华镇庙荒村，中央宣讲团成员与基层党员、村民代表围坐在一起，面对面宣讲交流"如何确保贫困人口脱贫之后不返贫"。庙荒村驻村第一书记陈军在交流结束后深受启发和鼓舞："我们村两委作为国家治理体系的神经末梢，离老百姓最近，要在自己的工作岗位上更加努力工作，把中国特色社会主义制度的优越性体现到老百姓的油盐酱醋中。"伟大宣示鼓舞人心，集中宣讲凝聚力量。这些专家宣讲的生动案例和良好效果，充分表明，只有深入研究与生动宣传相结合，才能最大限度凝聚人民共识，切实使全会精神深入人心，进而落到实处。

从现代语义上讲，"治理"一词是一个舶来品。进入新世纪后，"治理"才进入中国政治学研究的视域，逐渐成为一个热词。在当今经济全球化条件下，实现国家治理体系和治理能力的"现代化"，不仅具有时间性，也具有世界性。我国今天的国家治理体系，是在我国历史传承、文化传统、经济社会发展的基础上长期发展、渐进改进、内生性演化的结果，也是不断向西方发达国家学习进而逐步完善的结果。坚持和完善中国特色社会主义制度，是开放的过程，要汲取中国古代优秀传统文化的精华，也要反映当代政治文明发展进步的共同结晶。

中国传统国家治理思想，是在儒、法、道三家治理思想的冲突与融合中逐步形成的，以儒家学说为主体，兼容法家、道家学说，形成了独特的思想体系。虽然这些思想体系有着时代的、阶级的、政治的局限性，但仍然可以提供许多有益的启迪和借鉴。著名历史学家汤因比认为，中国人几千年来把数亿民众从政治文化上团结起来的治理经验，对世界历史极具重要的借鉴意义。无论是中华优秀传统文化中透出的治理思想，还是西方发达国家政治文明中体现的治理净化，都是我们汲取智慧和力量的宝库。加强相关研究，才能从中获取进步的营养，增强制度文明发展的底蕴。

世界社会主义从诞生到现在已经有 500 年的历史。500 年来，社会主义从空想到科学，从理论到现实，从兴盛到低潮，从低潮到现在，历经跌宕起伏、潮起潮涌的曲折历程。在这个历史进程中，如何治理社会主义这样一种全新的社会，一直是历代社会主义者和共产主义者不懈探索的一个重要课题。马克思、恩格斯虽然没有经历全面治理一个社会主义国家的实践，但他们关于未来社会的种种设想蕴含着不少关于社会主义社会治理的重要论述；列宁生前看到了社会主义实践产生的问题，并创造性地提出了一些关于社会主义如何治理的政策举措；其后，斯大林等在这个问题上进行了探索，并在社会主义苏联的治理实践中取得了一定的成功经验，但也留下了严重教训。

中国特色社会主义制度和国家治理体系的形成、发展、坚持和完善，离不开马克思主义的根本指导。而马克思主义创始人、经典作家在社会主义发展进程中关于国家治理的这些艰辛探索，是中国共产党人在新时代完善和发展中国特色社会主义制度、推进国家治理体系和治理能力现代化的宝贵财富。对于这笔宝贵财富，我们也要十分珍视，深化研究，为完善中国特色社会主义制度提供不可多得的丰富营养。

中国共产党对自身的社会制度和国家治理体系认识得很清楚，"中

2021 年 5 月 26 日，在贵阳举办的 2021 中国国际大数据产业博览会上，参会者在了解智慧城市治理中心。

国特色社会主义制度和国家治理体系是以马克思主义为指导、植根中国大地、具有深厚中华文化根基、深得人民拥护的制度和治理体系"①。马克思主义的指导、中国大地的基础、中华文化的根基、人民的拥护是中国特色社会主义制度和国家治理体系优势得以存在之根本。制度优势要转化为效能，既要在汲取营养丰富发展中实现，也要在人民群众的制度自信中落实。要不断拓展研究，深化对老祖宗治理思想的深研细究，拓展对"外来政治文明"治理思想的吸收借鉴，以海纳百川之心实现治理

① 《中共中央关于坚持和完善中国特色社会主义制度　推进国家治理和治理能力现代化若干重大问题的决定》，《人民日报》2019 年 11 月 6 日。

和制度发展的"有容乃大"。要对党的十九届四中全会精神进行深入浅出、通俗易懂的宣传，在与人民群众互动答疑中切中肯綮、细致全面地介绍全会精神，坚定制度自信，为全会精神贯彻落实奠定坚实有力的思想根基。

四、在贯彻执行中彰显生命力

党的十九届四中全会不仅系统梳理了党和国家各领域、各方面的制度，而且还对如何坚持和完善这些制度进行了全面部署。全会恰似出征的号角，好比临行的政治宣言，为我们推进新时代中国特色社会主义制度建设提供了根本遵循。只有不折不扣地贯彻全会精神，提升制度执行力，坚持和完善支撑中国特色社会主义制度的根本制度、基本制度、重要制度，才能把我国制度优势更好地转化为国家治理效能，进一步增强中国特色社会主义制度和国家治理体系的生命力和优越性。

"经国序民，正其制度。"中国共产党的百年奋斗史和新中国 70 余年的发展史证明，制度的生命力在于执行。陕西省延安城东桥儿沟村的延安桥儿沟革命旧址，是中国共产党扩大的六届六中全会和延安鲁迅艺术文学院旧址。这座典型的哥特式建筑，在 1937 年至 1939 年 2 月曾被辟为中央党校礼堂。1938 年，党的六届六中全会在这里召开，这次会议在总结历史经验的基础上把民主集中制制度化，提出了"个人服从组织、少数服从多数、下级服从上级、全党服从中央"即"四个服从"的原则，并强调"认真实行"。这项制度的执行，加强了党的团结和统一，为夺取新民主主义革命在全国的胜利提供了坚强保障。解放战争时期，党中央要求严格执行请示报告制度，也为加强党的领导并取得战争胜利提供坚强保障。注重制度建设并狠抓落实，是党在革命、建设、改革等各个时期取得胜利的一条宝贵经验。

事必有法，然后可成。实践是认识的目的和归宿，认识要回归实践、服务实践，才能推动社会历史的发展。中国特色社会主义制度和国家治理体系代表了我们党对于社会制度的最高认识，也是我们各项事业所循之"法"。制度之"法"只有回归实践，归根落实才能最大限度将优势转化为效能，否则，再好的制度终成空。我们要在不断变化的中国特色社会主义伟大实践中落实、执行制度，进一步深化认识，在落实中充分彰显制度的生命力。

制度执行要立起制度之威。在中国的"人情社会"中，难免会出现人们法治意识、制度意识不强的现象。不少人逢事喜欢讲个熟门熟道，制度规定面前动辄搞变通。有的缺乏对制度的敬畏，不按制度行事；有的则千方百计钻制度空子、打打擦边球；有的总是逃避制度监管；等等。缺乏对制度的敬畏，只会使制度失去权威，很难在实践中落实执行制度，更谈不上产生治理效能。要动员和号召党员干部群众始终对制度怀有敬畏之心，维护制度权威，形成全社会共同尊崇制度、执行制度、维护制度的良好氛围。

其身不正，虽令不行；其身正，不令虽行。榜样的力量是无穷的。习近平总书记要求，"越是领导干部，越是主要领导干部，越要自觉增强法规制度意识，以身作则，以上率下……自觉维护法规制度的严肃性和权威性"[1]。"领导机关和领导干部作出样子，下面就会跟着来、照着做。"[2] 领导干部带头严格执行制度，以示范引领推动制度落地落实落

---

[1] 中共中央党史和文献研究院编：《习近平关于依规治党论述摘编》，中央文献出版社 2022 年版，第 209 页。

[2] 中共中央纪律检查委员会、中共中央文献研究室编：《习近平关于严明党的纪律和规矩论述摘编》，中央文献出版社、中国方正出版社 2016 年版，第 94 页。

细，必定产生积极的治理效能。领导干部带头加强制度执行，既需要有内在的自觉意识，也需要有外部的强制性约束。要构建领导有力、执行坚决、监督全面的体制机制，加大问责力度，确保党和国家所有制度都能得到有效执行，确保所有单位和个人都严格执行制度，使制度时时生威、处处有效。

主要参考文献

1. 习近平：《论中国共产党的历史》，中央文献出版社 2021 年版。

2. 习近平：《论党的宣传思想工作》，中央文献出版社 2020 年版。

3.《习近平谈治国理政》第三卷，外文出版社 2020 年版。

4. 习近平：《论坚持全面依法治国》，中央文献出版社 2020 年版。

5. 中共中央宣传部编：《习近平新时代中国特色社会主义思想学习问答》，学习出版社、人民出版社 2021 年版。

6.《习近平法治思想概论》编写组：《习近平法治思想概论》，高等教育出版社 2021 年版。

7.《习近平新时代中国特色社会主义思想学习纲要》，学习出版社、人民出版社 2019 年版。

8. 中共中央宣传部：《习近平新时代中国特色社会主义思想三十讲》，学习出版社 2018 年版。

9. 中共中央文献研究室编：《习近平关于社会主义文化建设论述摘编》，中央文献出版社 2017 年版。

10. 中共中央文献研究室编：《习近平关于全面依法治国论述摘编》，中央文献出版社 2015 年版。

11.《〈中共中央关于坚持和完善中国特色社会主义制度 推进国家治理体系和治理能力现代化若干重大问题的决定〉辅导读本》，人民出版社 2019 年版。

12. 本书编写组：《中国共产党简史》，人民出版社、中共党史出版社 2021 年版。

13. 中共中央宣传部理论局：《中国制度面对面》，学习出版社、人民出版社 2020 年版。

14. 当代中国研究所：《中华人民共和国史稿》（五卷本），人民出版社、当代中国出版社 2012 年版。

15. 中共中央党史研究室编：《中国共产党历史》，中共党史出版社 2011 年版。

16. 国务院新闻办公室：《中国应对气候变化的政策与行动》白皮书，2021 年 10 月。

17. 吴杰明：《继往开来成大道》，上海人民出版社 2020 年版。

后　记

　　讲好中国故事、传播好中国声音，是习近平总书记对宣传思想工作提出的重要要求。为向国际社会展示新时代中国的国家形象，宣传好中国特色社会主义制度的显著优势，国防大学习近平新时代中国特色社会主义思想研究中心组织编写了《中国制度的故事》。

　　赵周贤、刘光明担任本书主编，王强担任副主编，对全书作了总体设计并负责统稿。全书共十六章，编写人员具体分工为：第一章，李雷波；第二章，赵周贤、刘光明；第三章，祁一平；第四章，陈中奎；第五章，朱晓红；第六章，苏玉；第七章，王一新；第八章，颜旭；第九章，周宝砚；第十章，张阿；第十一章，徐志栋；第十二章，王强、刘铭、陈嘉康；第十三章，史晓东；第十四章，李小鹿；第十五章，魏海波、李树宏；第十六章，常培育。人民出版社曹春作了精心编辑，对此表示衷心感谢！另外，本书是集体智慧的结晶，在撰写过程中，参考了学界同人的相关研究成果，在此表示衷心感谢。

　　由于本书题材重大，编写时间紧迫，加之我们水平有限，书中难免有疏漏和不妥之处，敬请广大读者批评指正。

本书编写组

2024 年 2 月

责任编辑：曹　春

图书在版编目（CIP）数据

中国制度的故事 ／ 国防大学习近平新时代中国特色
社会主义思想研究中心编著 ；赵周贤，刘光明主编 .
北京 ： 人民出版社，2025. 3. -- ISBN 978 - 7 - 01 - 027065 - 4

I . D621

中国国家版本馆 CIP 数据核字第 2025EZ5547 号

中国制度的故事
ZHONGGUO ZHIDU DE GUSHI

国防大学习近平新时代中国特色社会主义思想研究中心　编著
赵周贤　刘光明　主编

人 民 大 版 社 出版发行
（100706　北京市东城区隆福寺街 99 号）

北京汇林印务有限公司印刷　新华书店经销

2025 年 3 月第 1 版　2025 年 3 月北京第 1 次印刷
开本：710 毫米 × 1000 毫米 1/16　印张：16.5
字数：210 千字

ISBN 978 - 7 - 01 - 027065 - 4　定价：78.00 元

邮购地址 100706　北京市东城区隆福寺街 99 号
人民东方图书销售中心　电话（010）65250042　65289539